# 빈곤에

누구나 인간답게 사는 사회를 위해

# 맞서다

# 빈곤에 맞서다
누구나 인간답게 사는 사회를 위해

2009년 11월 23일 처음 펴냄

지은이 유아사 마코토  옮긴이 이성재  해제 우석훈
펴낸이 신명철  편집장 장미희  기획·편집 장원  디자인 최희윤
펴낸곳 (주)우리교육 검둥소  등록 제 313-2001-52호
주소 (121-841) 서울특별시 마포구 서교동 449-6
전화 02-3142-6770  팩스 02-3142-6772
홈페이지 www.uriedu.co.kr  검둥소 블로그 blog.naver.com/geomdungso
전자우편 geomdungso@uriedu.co.kr
출력 한국커뮤니케이션  인쇄·제본 미르인쇄

ISBN 978-89-8040-343-1 03300

HAN HINKON
by Makoto Yuasa
ⓒ 2008 by Makoto Yuasa
Originally published in Japanese by Iwanami Shoten, Publishers, Tokyo, 2008
This Korean language edition published in 2009
by Urikyoyuk Geomdungso, Seoul
by arrangement with the proprietor c/o Iwanami Shoten, Publishers, Tokyo

이 도서의 국립중앙도서관 출판시도서목록(CIP)은 e-CIP 홈페이지(http://www.nl.go.kr/cip.php)에서
이용하실 수 있습니다.(CIP 제어번호:CIP2009003608)

# 빈곤에

누구나 인간답게 사는 사회를 위해

# 맞서다

유아사 마코토 지음
이성재 옮김
우석훈 해제

지금 일본도 빈곤 대국이다.

누구나 인간답게 사는 사회를 위해!

머리말

　며칠 전 어느 지방 도시에 사는 사람에게서 상담 메일을 받았
다. 상담자는 35세 남성으로 부인과 세 살, 네 살, 여섯 살짜리
아이 세 명을 부양하고 있다고 했다. 이러한 '한 집안의 가장'이
"수입은 5만 엔이 될까 말까 하고, 더군다나 이번 달은 감기로
쉬는 바람에 수입이 전혀 없어 생활이 매우 힘들다"고 했다. 통
상 수입이 5만 엔이고, 감기가 걸려 쉬게 되면 수입이 전혀 없다
는 것은 예사로운 일이 아니다. 보통 사람들이 흔히 하는 그런 일
반적인 일을 하지 않고 있나? 아니면 성실하지 않은 사람인가?
　들어 보니 그는 열심히 일하고 있고, 매달 수입은 17만~20만
엔 정도였다. 그러나 파견 노동자여서 기숙사에 거주해야 하고,
기숙사비 7만 엔, 사용량과 무관한 가스비와 전기비가 각각 2만
엔, 그 외 가구 임대료와 사회보험료 등으로 다달이 약 15만 엔
이 나간다고 한다. 그 남성이 수입이 전혀 없다거나 5만 엔이라
고 한 것은 이 비용을 제한 후 손에 들어오는 돈이 그렇다는 것

이다. 큰아이가 이번 4월에 소학교에 입학한다고 한다. 그는 "8천 엔짜리 소학교 지정 가방도 사 주지 못하는 한심한 아버지"라고 메일에 썼다.

나는 1995년부터 노숙자(이른바 '홈리스')지원 활동을 해 왔고, 2001년부터는 노숙자뿐만 아니라 빈곤 상태에 빠진 사람이면 누구든 생활 상담을 지속적으로 하고 있다.

얼마 전까지만 해도 상담하러 온 사람들은 노동 시장에서 배제된 실업자가 대부분이었다. 이전에는 일용 노동자나 가정 폭력 때문에 입은 옷 이외에는 아무것도 지니지 못한 채 도망쳐 온 '싱글맘' 등 일자리가 없어 목숨을 부지해 주지 않으면 안 되는 사람들이 대다수였다.

그러나 요즈음에는 취직을 했어도 생활이 불가능하다는 사람들이 늘고 있다. 상담자도 과거에는 혼자 살아가는 중년과 고령 남자, 모자 세대가 대부분이었는데, 점차 청년 독신 세대, 고령 세대, 일반 세대로 다양해지고 있다. 이미 "일하고 있지만 먹고살 수가 없다"는 상담은 흔한 것이 되어 버렸고, 임대 아파트에 거주하고 있는 사람들에게도 빈곤은 넓고 깊게 침투해 가고 있다.

노숙자뿐만 아니라 가정 폭력 피해자나 '넷카페 난민' 등 주소가 없는 상태에 처한 사람들을 포함한 광의의 홈리스 문제에 관여하고 있는 가운데 정신을 차려 보니 사회 전체의 기반이 약해져 무너지고 있었다. 홈리스 문제를 통해 생각하고 길러 온 노하우를 필요로 하는 사람들이, 이전에는 스스로의 벌이로 살아가고 있는 것으로 생각되던 청년 세대와 장년 세대에서도 증가했다. – 내 느낌은 그렇다.

이전에 비정규직 노동자 등을 중심으로 하는 노동조합의 상담 풍경을 견학한 적이 있는데, 그들의 상담 내용이나 생활 형편은 우리에게 상담하러 온 사람들과 거의 다르지 않았다. "일하고 있는 사람은 노동 상담, 일하지 않는 사람은 생활 상담"이라는 구별 역시 현재는 의미가 없다고 여겨진다. 지금까지 아직 "정규직 노동자로 일하고 있다"고 말하는 사람은 상담하러 오지 않았다. 그러나 머지않아 이 같은 상담도 있을 것이다. 연 수입 300만 엔 정도로 한 집안을 꾸려 나가는, 장시간 노동을 하는 정규직 노동자도 이미 특별한 것이 아니기 때문이다. 그들이 상담하러 오지 않는 이유는 "정규직 노동자로 일하고 있는 자신이 먹고살 수 없어 생활 상담을 받는다"는 행위 자체를 선뜻 인정할 수 없기 때문이다.

최근 몇 년 사이에 '워킹푸어'라는 말이 일본 사회에서도 널리 사용되고 있다. 이 말은 일하고 있는지, 일할 수 있는 상태에 있는지에 관계없이 헌법에서 보장하고 있는 최저생활비(생활보호 기준) 이하의 수입밖에 얻을 수 없는 사람들을 가리킨다. 최저생활비는 도쿄 23구에 살고 있는 20대, 30대 독신 세대의 경우, 매달 13만 7,400엔(생활부조 8만 3,700엔 + 주택부조 상한 5만 3,700엔)이다. 남편 33세, 아내 29세, 자식 4세인 일반 표준 세대라면 22만 9,980엔(생활부조 16만 180엔 + 주택부조 상한 6만 9,800엔)이다. 다양한 세액 공제까지 감안하면 대도시권에서 연 수입 300만 엔 이하로 사는 일반 표준 세대는 워킹푸어 상태에 있다고 말할 수 있다. 앞서 말한 5인 가족은 분명히 최저생활비보다 적은 돈 으로 살고 있다.

일본 사회에는 지금 이와 같은 상태에서 살고 있는 사람들이 증가하고 있다고 추측된다. "추측된다"라고밖에 말할 수 없는 것 은 정부가 조사를 하지 않기 때문이다. 일본 정부는 빈곤이 광범 위하게 증가하는 것을 직시하지 않고 단지 빈약한 근거에 기초 해 "일본의 빈곤은 아직 이렇다 할 것이 못 된다"라고 반복해 말 하고 있다(2008년 현재).

"일본의 빈곤은 세계의 빈곤에 비교했을 때 아직 심각한 수준 이 아니다"라는 사회 일반의 소박한 사고방식도 일본 정부 견해 에 힘을 실어 주고 있다. UN이 정한 절대 빈곤선에 따라 하루 1달 러를 넘는 수입이 있다면 생활이 힘들어도 빈곤한 것은 아니라 고 생각하는 사람도 적지 않을 것이다. 그러나 빈곤 실태는 소득 만으로 이해할 수 있는 것은 아니며 또 빈곤을 파악하는 지표가 하나인 것도 아니다. 이 책에서는 이러한 관점도 제시할 것이다. 일본에서 빈곤한 사람이 하루 1달러가 넘는 수입이 있다고 해서 그것이 "일본에 빈곤이 없다"는 것을 의미하는 것은 아니다. 세 계의 빈곤에 관심을 쏠리게 해서 일본 내의 빈곤을 은폐하려고 해서는 안 된다.

이 책은 2부로 이루어져 있다. 1부 '빈곤 문제의 현장에서'는 일본 사회에 왜 빈곤이 광범위하게 퍼져 있는가, 이 속에서 어떠한 문제가 제기되고 있는가, 빈곤은 어떠한 것인가, 그리고 일본 정부는 빈곤 문제에 대해서 어떠한 입장을 취하고 있는가에 대해서 고찰할 것이다. "고찰"이라고 말했지만 나는 연구자가 아니고 빈곤 현장에서 일하고 있는 한 명의 활동가일 뿐이다. 열거한 사례와 시각은 내가 활동을 통해서 보고 들은 것과 느낀 것으로 한정할 것이다. 그러나 빈곤에 빠진 사람들과 직접 만나는 현장에 있어야 보이는 것도 있다. 내가 보고 있는 실태를 직접적으로 전달하는 것이 이 책의 의도이다.

2부 '반빈곤의 현장에서'는 사람들이 빈곤 문제에 어떻게 대처하고 있는가를 기록했다. '성역 없는 구조 개혁'이 일본 사회를 휩쓸고 그 속에서 빈곤 문제가 심각해지자 이에 대해 목소리를 높이는 사람들이 증가하고 있다. 노동, 사회보험, 공적부조 분야에서 다양한 사람들이 빈곤에 저항하는 '반빈곤' 활동을 전개하기 시작했다. 한 사람 한 사람은 작은 활동밖에 할 수 없다. 하지만 이들은 서로 연대해 네트워크를 구축했고, 빈곤 문제를 무시하고 있는 일본 정부에 현상을 직시해 대책을 마련하라고 요구하고 있다. 나 자신도 이 속에서 활동하고 있다. 이제 연대하기 시작한 이러한 '반빈곤' 활동이 사회 전체로 확산되기를 바란다.

한번 구르면 아래까지 미끄러지고 마는 '미끄럼틀 사회'에서 "이대로 가면 일본은 어떻게 될 것인가?"라는 불안이 사회 전체에 퍼져 가고 있다. 그러나 동시에 "나 혼자서 어찌해 봐야 소용 없지", "어떻게든 나만은 살아남아야 해"라면서 이 현상을 변화시킬 것을 체념하고, 이 현상을 그대로 받아들인 채 그 속에서 살아남을 방도를 찾는 사람들도 많다. 일본 사회 전체가 조금씩 기반이 무너지고, 섬섬 더 많은 사람들이 궁지로 몰리고 있는 가운데 자기 혼자서만 능란하게 살아남는 것은 쉽지 않다. 게다가 그것은 적지 않은 사람들의 희생 위에서만 가능하다.

우리들은 사회를 크게 변화시켰던 경험을 가지고 있지 않으므로 그러한 희망을 지니기가 쉽지 않으며, 사회연대를 구축하는 것도 힘들다. 그러나 다른 한편으로 미국과 같이 빈부 격차가 극단적으로 심화된 사회로 돌입하는 것에 대해 많은 사람이 저항감을 품고 있을 것이다.

"이대로는 곤란하다"와 "어차피 헛일이다" 사이를 연결하는 활동을 찾아야 한다. 그러한 활동이 사회 전체에 퍼지면 정치도 빈곤 문제에 더 많은 관심을 기울일 것이다. 관심이 있는 사람들만 더욱더 관심을 갖고, 관심이 없는 사람들은 무관심한 채 돌아보지 않는 이러한 상태를 극복하고 싶다. 빈곤은 누구도 원하지 않는 것, 있어서는 안 되는 것이다. 이제야말로 우리 사회가 아직 '희망이 있다'는 것을 보여 주어야 한다.

이 책에서는 이를 '강한 사회'로 표현했다. 책을 읽는 모든 분들이 책을 읽은 뒤에는 '강한 사회'를 실현하겠다는 다짐을 굳게 해 준다면 필자로서는 그 이상 기쁠 수가 없을 것이다.

차례

머리말 7


1부  빈곤 문제의 현장에서 17

1장  어떤 부부의 삶 19
    게스트하우스에서 만난 니타 부부 | 빈곤 속에서 | 공장 파견 노동자로 일
    하다 | '넷카페'에서의 생활 | 생활 상담을 하기 위해 '모야이'로 | 빈곤은
    자기 책임인가


2장  미끄럼틀 사회, 일본 34
1. 3중의 안전망 34
    고용 안전망 | 사회보험 안전망 | 공적부조 안전망 | 미끄럼틀 사회 | 일본
    사회에 넓게 퍼진 빈곤

2. 피해를 떠맡은 사람들 54
    먹고살기 위한 범죄 | '사랑하는 어머니를 죽인' 이유 | 부모 집에 살면서
    굶주리다 | 아동 학대의 원인 | 부모와 떨어진 아이, 아이와 떨어진 부모 |
    빈곤의 세대 간 연쇄


3장  빈곤은 자기 책임인가 75
1. 5중의 배제 75
    5중의 배제라는 것은 | 자기 자신에게서의 배제와 자살 | 복지가 사람을
    죽일 때

2. 자기 책임론 비판 85

　오쿠타니 레이코의 발언 | 자기 책임론의 전제 | 센의 빈곤론 | '다메'란 무엇인가 | 빈곤은 자기 책임이 아니다

3. 보이지 않는 '다메'를 본다 99

　보이지 않는 빈곤 | "지금 이대로가 좋아요" | 보이지 않는 '다메'를 본다 | '다메'를 보려고 하지 않는 사람들

4. 빈곤 문제를 출발선에 111

　일본에 절대적 빈곤은 있는가 | 빈곤을 인정하고 싶지 않은 정부 | 빈곤 문제를 출발선에


2부 '반빈곤'의 현장에서 119


4장 '미끄럼틀 사회'에 제동을 걸기 위해 121

1. '시민 활동', '사회 영역'의 복권을 지향하며 121

　안전망의 수선 가게가 되다 | 최초의 '넷카페' 상담 | 대책을 강구할 때까지 | 홈리스는 홈리스가 아니다? | 생활보호제도의 하방 수정 | '반빈곤' 활동 분류

2. 기점으로서의 '모야이' 139

　'판도라 상자'를 열다 | 인간관계의 빈곤 | 자기 책임의 내면화 | 신청 동행과 '신청 저지 압력' | 안식처 만들기 | 안식처와 '반빈곤'

5장 연대하기 시작한 '반빈곤' 155

1. '빈곤 비즈니스'에 저항해서 - 엠 크루 유니언 155
   일용직으로 파견 회사에서 일하다 | 저임금, 위장 도급, 위법 공제 | 빈곤에
   서 벗어나지 못하게 만드는 '빈곤 비즈니스' | 노동운동과 '반빈곤' | 일용
   파견의 구조

2. 상호부조 기구를 만들다 - 반빈곤 연대 네트워크 170
   노동과 빈곤 | 자조 노력의 과잉 | 사회보험이라는 안전망에 대응하는 시도

3. 움직이기 시작한 법률가들 179
   기타큐슈 시에 대한 고발장 | 오사카, 하마마쓰, 가이즈카 사례 | 법률가와
   '반빈곤' | 일본변호사연합회 인권 옹호 대회 | 개별 대응과 사회적 문제
   제기

4. 내셔널미니멈은 어디에? - 최저생활비와 최저임금 192
   생활부조 기준에 관한 검토회 | 최저임금과 최저생활비 | 최저생활비로서
   생활보호 기준 | 사람들이 알지 못하고, 알지 못하게 만드는 최저생활비 |
   검토회와 또 하나의 검토회 | 1년 보류와 이후의 과제


6장 강한 사회를 목표로 - 반빈곤 네트워크를 214
   니타의 소망 | 탄광의 카나리아 | 강한 사회를 | 인간과 사회의 면역력 | 반
   빈곤 네트워크를 | 빈곤 문제를 출발선에



후기 233

옮긴이의 말 - '반빈곤'에 관하여 238

해제 - 유아사 마코토, 사랑하지 않을 수 없는 사나이 250

# 1부

빈곤 문제의 현장에서

# 1장 어떤 부부의 삶

게스트하우스에서 만난 니타 부부

니타 부부(가명)가 서로 우연히 만난 곳은 2005년 가을, 도쿄 도내에 있는 게스트하우스였다. 도내에 80개 시설을 보유한 대기업이 운영하던 한 게스트하우스에서 남편인 히사시 씨(40세)는 4인실에, 아내인 나오미 씨(26세)는 2인실에 거주하고 있었다.(이하 존칭 생략)

게스트하우스는 유스호스텔과 같은 간이 여관이다. 1990년대부터 외국인 배낭여행족을 대비해 만들어졌지만 현재 "머물고 있는 사람 80~90퍼센트는 일본인"이라고 히사시는 말했다. 게스트하우스는 한 달 단위로 계약을 하고, 보증금, 사례금, 부동산 중개 수수료 등이 들지 않는다. 돈 없는 사람들의 임시 숙소로 현재 활용되고 있다. 나타 부부가 머물던 게스트하우스는 매달 임대료(3만 8천 엔) 외에 처음에 청소비 5천 엔을 내면 머물 수 있었다. 초기 비용 4만 3천 엔으로 한 달을 살 수 있다는 것은 확실히 매력적이다.

그런데 왜 니타 부부는 게스트하우스에 살게 되었을까? 히사시는 당시 38세였다. 사람에 따라서는 단독주택을 가지고 있다고 해도 이상하지 않을 나이이다. 그 나이가 되도록 되는 대로 아무렇게나 살았기 때문에 고통스러운 상황에 처하게 된 것일까?

결과만을 보고 서둘러 결론지으면 거기에는 반드시 '자기 책임론'이 숨어 있다. 이것은 "현재 바람직하지 않은 결과를 초래한 책임은 본인 자신에게 있다"는 주장이다. 그러나 사람 개개인의 '삶'이 그렇게 단순한 것은 아니다. '안다'는 것 또는 '판단한다'는 것에는 좀 더 주의 깊고 세심한 접근이 필요하다. 니타 부부의 '삶'은 현대 일본의 빈곤이 어떻게 새로 만들어지고 있는가 하는 그 과정을 보여 준다. 일본 사회에 만연한 자기 책임론이 감추고 있는 어두운 부분에서 무엇이 발생하고 있는지 그 실태를 추적해 보자.


빈곤 속에서

히사시가 태어난 것은 1966년, 병오년이었다. 1930년에 태어난 아버지는 효고 현에서 건설 업체를 운영했으며, 한때는 20명 정도를 고용했던 '유지'였다. 그러나 30대 중반, 공사 도중 굴뚝에서 떨어져 한쪽 다리를 잃었고 폐업을 하고 말았다. 이후 아버니는 직업훈련 학교에 다니면서 시계 수리 기술을 배웠다. 히사시의 어머니는 그 직업훈련 학교에서 만났다. 히사시의 부모님은 아버지가 시계 수리를 하고, 어머니가 주문 처리와 배달 등 외근을 하면서 생계를 이었다. 자식인 히사시가 기억하는 아버지는 항상 일하고 있는 모습이었다. 결국 아버지는 일하는 도중에 뇌출혈로 쓰러져 사망했다. 히사시가 초등학교 3학년 때의 일이었다. 유가족이 된 모자는 다른 현으로 이주해 살았고 어머니는 문구점을 운영했다. 그러나 어머니도 히사시가 초등학교 6학년이었을 때 세상을 떠나고 만다. 원래 어머니는 한쪽 폐가 없어 몸이 허약했다. "계속된 노동과 정신적 피로로 사망하게 된 것 같다"고 히사시는 말했다. 형제가 없던 히사시는 열두 살 때부터 고아가 되었다. 그는 어머니가 사망한 병원에서 "막연하지만 이제부터 고생을 하겠구나"라고 생각했다.

히사시는 그 후 큰어머니 집에서 살게 되었지만 그곳에서의 생활은 힘들었다. 천식이 있던 히사시는 심한 기침을 계속했고, 그 소리 때문에 헛간에서 잠을 자야 했다. 당시에는 중학교 미술부에서 "그림을 그리고 있을 때가 가장 행복했다"고 말한다.

히사시는 미술 고등학교에 가고 싶었지만 허락받지 못했고, 전원이 기숙사 생활을 하는 고등학교에 가야 했다. 그곳에서 정을 붙이지 못한 그는 한 달 만에 학교를 중퇴하고, 아무도 살고 있지 않던 본래 집으로 돌아갔다. 열다섯 살이 된 지 석 달이 지나서부터 그는 혼자 살기 시작한 것이다. 큰어머니가 부모님의 생명보험을 관리하고 있었지만, 그에 대해 진지하게 들어 본 적은 없다. 스무 살이 되었을 때 수만 엔을 건네받았는데, 그것이 남아 있는 전부라고 했다. 부탁했지만 계약 문서조차 볼 수 없었다.

처음으로 근무한 곳은 주유소였다. 시급 690엔을 받는 아르바이트였다. 성실하다는 좋은 평가를 받아 맞은편 도금 공장으로 스카우트되었다. 도금 공장을 그만둔 것은 열여덟 살 때였다. 이유는 "자위대에 들어가기 위해서"였다.

자위대에서 3년을 보낸 후 제대한 히사시는 오사카로 돌아가 장난감 판매, 파친코, 여관과 같이 의식주를 제공받을 수 있는 일을 전전했다. 2005년에 상경할 때까지 17년간 약 30여 곳의 직장을 다녔다. 전반적으로 생활은 힘들었다. 자기 힘으로 집을 빌린 적도 있었지만 집세를 지불하지 못해 결국 파친코 가게에 들어가 참고 살아야 했다.

히사시가 기억하는 것은 괴로웠던 때에 세상 사람들이 보여준 태도였다. 잘 곳이 없어 교회에 뛰어들었던 적도 있다. 목사는 "여기는 모두가 쓰는 장소라서 잠을 자게 할 수는 없고, 그 대신 기도를 해 줄게"라고 말하면서 쫓아냈다. 경찰과 상담을 한 적도 있지만 "이코마 산에 올랐다가 내려오면 날이 밝을 거야"라고 말하면서 상대해 주지 않았다. 말했던 본인은 그렇게 잊을 수 있겠지만, 히사시는 평생 이 일들을 잊지 못할 것이다.

서른 살에 상경해서, 아내 나오미를 만났다.

나오미는 도호쿠 출신이다. 친정은 집을 소유하고 있었지만 생활은 매우 힘들었다. 아버지는 경비 일을 하다가 교통사고를 당해 일을 할 수 없었다. 할머니가 항상 누워 있었기 때문에 어머니도 일하러 나갈 수 없었다. 아버지의 장애 연금만이 유일한 수입으로, 밥공기에 밥을 반만 푼 뒤 뜨거운 물로 불려 배를 채우는 생활을 하고 있었다.

나오미 자신은 고교 재학 때부터 정신적으로 병이 잦았다. 아버지가 경비 회사로 전직하기 전 25년간 근무했던 회사를 그만둔 것이 그 계기였다. 실업 급여를 받으면서 집에 머물고 있는 아버지를 감수성이 예민한 이 여고생은 받아들일 수 없었다. 결국 그 무렵부터 신경증적 증상이 나타나기 시작했다.

고교 졸업 후, 복식 전문학교에 들어갔지만 석 달 만에 중퇴했다. 그 후 집에 틀어박힌 생활을 시작했다. 스무 살에는 아르바이트도 했지만 3주밖에 하지 못했다. 스물다섯 살이 되던 봄, 전문학교에 다시 들어갔지만 병이 회복되지 않아 그만두었다. 같은 해 봄, 무언가 해 보려고 도쿄에 와서 일을 찾으면서 게스트하우스에 살았다. 그곳에서 히사시를 만났다.


공장 파견 노동자로 일하다

두 사람이 만난 뒤에도 생활은 어려웠다. 2005년 가을부터 반년 동안 두 사람은 웨이터와 웨이트리스로 일했지만 나오미는 좀처럼 일이 잘 안 풀려 다음 해 봄에는 친정으로 갔다. 그곳에서 결혼식을 올린 뒤에 히사시는 그 지역에서 취직을 하려 했다. 하지만 수산가공업을 주요 산업으로 삼고 있는 그곳은 시급 700엔 미만의 최저임금이 대부분이었다. 이 수입으로는 매달 9만 엔밖에 기대할 수 없었다. 이에 비해 파견, 도급업은 시급 900~1천엔이었다. 잔업도 있어 고수입을 올릴 수 있다는 선전 문구도 있었다. 히사시는 후자를 선택했다.

제조업 도급 최대 회사인 N총업에서 처음으로 보낸 곳은 나가노에 있는 자동차 부품 공장이었다. 잔업은 매일 4시간 이상이었지만 2인실 기숙사비로 7만 엔이 들었기 때문에 실 수령액은 매달 15만 엔이었다.

공장 내 작업원 대부분은 파견, 도급 노동자로, 이들이 "주요 역할을 하고 있다고 말해도 좋은"(히사시) 상태였다. 3~6개월 단위로 많은 사람이 교체되었고, 1년 이상 일하고 있는 사람은 10~20퍼센트밖에 안 되었다. 서열은 명확해서 정규직 노동자가 가장 위에, 그 다음이 파트타임 아르바이트, 파견 노동자는 그보다 낮아 "파견 노동자는 휴식이 없다"는 말도 있었다. 정규직 노동자는 라인 작업은 하지 않고 관리만 했다. "어떻게든 작업 라인을 중지시키지 않고 공백이 없게 하는 것이 (그들의) 가장 중요한 일"이었다.

그 일은 3개월짜리 계약이었다. 갱신은 되지 않았고, 두 사람은 처가로 돌아가 다음 일을 기다렸다. N총업에서 제안한 일자리가 있었는데, 대부분 자동차 조립 공장이었다. 그러나 그 회사 사람에게서 차를 조립하는 일은 작업 라인 속도가 빨라 따라갈 수 없을 것이라는 말을 듣고 보류했다.

반년 후, 다시 자동차 부품 공장에 갔다. 이번에는 아이치 현이었다. 면접을 볼 때는 "잔업이 있어 월수입이 24~25만 엔"이라고 들었지만 실제로는 잔업 없이 정시에 끝났다. 기숙사비를 공제하면 실 수령액은 10만 엔이 되지 못했다. 석 달만 일했다. 이번에는 자진해서 그만두었다. 실 수령액이 10만 엔을 밑돈다면 처가로 생활비를 보낼 수 없기 때문이었다.

이 밖에도 불만이 있었다. 고참인 파견, 도급 노동자는 일에 대한 의욕이 없었다. 정규직 노동자가 없으면 히사시 같은 신참에게 일을 맡기고 그들 자신들은 게으름을 피웠다. 하지만 그들만 나쁜 것은 아니라는 것을 안다. "상품이 좋아서 하는 것이 아니므로 애착도 없는 것"이라고 히사시는 분석했다. 그의 말에 따르면 급료는 그들 수중에 들어오기 전에 반 가깝게 중간에서 가로채이고 있는 듯했다. "샐러리맨 금융(회사원을 상대로 한 고리대금업 – 옮긴이)과 같은 정도로만 규제해 준다면 좋을 텐데요"라고 그는 말했다.

2006년 가을, 샐러리맨 금융이 취하는 지나친 금리가 200만 명이 넘는 대량 채무자를 낳고 있다는 반성에서, 상한 금리를 지금까지의 29.2퍼센트에서 원칙적으로 15~20퍼센트까지 인하한다는 결정이 내려졌다(2009년부터 전면 실시). 히사시는 이것을 말하고 있는 것이다. 샐러리맨 금융의 금리처럼 파견, 도급업의 중간 마진에도 상한이 있다면, 좀 더 "일하면 살아갈 수 있"지 않을까?

파견, 도급업의 실태를 알게 된 니타 부부는 그 후 다시 처가 근처에서 수산가공업 일을 찾아 세 곳에서 면접을 보았다. 하지만 모두 채용되지 못했다. 경험자 또는 외국인이 우선이라는 말을 들었다. 하는 수 없이 다시 파견, 도급 일을 찾았다.

2007년 4월, 부부는 도쿄로 파견되었다. 이번에는 도쿄 무사시무라야마 시에 있는 공장에서 편의점 도시락을 만드는 일이었다. 무사시무라야마 시 편의점 도시락 공장이라고 하면 기리노 나쓰오桐野夏生가 쓴 베스트셀러 소설《OUT》에서 토막 살인을 저지른 주부들의 일터이다. 소설에서는 많은 브라질 노동자가 일하고 있었지만, 니타 부부가 일한 공장은 노동자 200~300명 가운데 70~80퍼센트가 중국인 학생이었고, 나머지는 50대, 60대 여성 파트타임 노동자였다.

파견되기 전에 부부가 들었던 노동조건은 "근무 시간은 밤 12시에서 아침 6시까지 6시간이며, 시급은 1,050엔, 고용보험, 사회보험(건강보험, 후생연금)이 보장되고, 휴식 시간이 있다"는 것이었다. 나오미는 "노동조건이 그렇다면 건강이 좋지 않은 나도 일을 할 수 있지 않을까 생각하고 결정했다." 이번에는 둘이 함께 일할 예정이었다.

그러나 실제로는 밤 10시에서 다음 날 아침 6시까지 8시간 근무로, 매일 잔업이 2시간씩 있었다. 시급은 1,250엔이었지만 고용보험과 사회보험은 없었고, 휴식 시간이 있다고 했지만 10시간에 걸친 실제 노동 시간 중에는 한 번도 쉴 수 없었다. 화장실에 갈 때는 자신이 직접 정규직 노동자에게 보고해야 했는데, 이 사이에 라인을 멈출 수는 없으므로 동료에게 도움을 청해야 했다. 이것을 생각하면 도저히 화장실에 갈 수 없었다.

나오미에게는 무리한 일이었다. 두 사람은 닷새 만에 그만두었다.


### '넷카페'에서의 생활

그만두면 동시에 살 곳도 없어진다. 두 사람은 기숙사비가 7만 엔인 회사 기숙사에서 당일 바로 나가야만 했다. 일자리도 살 곳도 사라진 상황에서 두 사람이 가진 돈은 1만 3천 엔이었다. 그날 저녁부터 넷카페에 머물렀다. '넷카페'라는 것은 만화를 읽기도 하고, 인터넷을 하기도 하는 일종의 찻집이다. 이 카페는 인터넷 보급과 함께 1990년대에 등장했다. 그리고 2000년을 전후로 24시간 영업이 일반화되어 '숙박'을 할 수 있게 되었다. 그렇다 하더라도 다다미 하나 정도 공간에 안락의자를 기울여 겨우 선잠을 잘 수 있는 곳이어서 몸은 계속 피곤했다.

니타 부부가 이용했던 이케부쿠로 넷카페의 심야 할인 요금은 밤 11시 이후 1인당 6시간에 1,500엔이다. 실질적으로 3시간 정도밖에 잘 수 없다. 히사시는 "상경할 때부터 잘 곳이 없으면 넷카페로 가야겠다고 생각했다"고 말한다.

그러나 가진 돈으로는 넷카페에서 자도 곧 바닥이 날 것 같았다. "나 혼자라면 어떻게 해도 좋지만, 처까지 넷카페에서 살게 하는 것은 너무 힘들다"고 생각한 히사시는 아르바이트 정보지에서 우선 나오미가 더부살이할 수 있는 취업 자리를 찾았다.

사흘째 되던 날 다행스럽게도 나오미는 단기 아르바이트를 하게 되었다. 도내 여관의 더부살이로 일당은 6,700엔이었다. 근무 시간은 길고 잔업수당도 없었지만 한 달만 참고 견디면 13만 혹은 14만 엔을 벌 수 있었다. 무엇보다도 여기서는 잠자리를 확보할 수 있었다. 두 사람이 가진 돈은 5천 엔을 넘지 않았다. 나오미는 그 가운데 2천 엔을 가지고 여관으로 갔다.

히사시는 이후 이틀간 노숙 생활을 했다. 밤새도록 거리를 걷고 낮에 공원에서 선잠을 자는 생활이었으므로 정확하게는 '노숙'이라고도 할 수 없다. 지원 활동을 통해 노숙 상태에 있는 많은 사람들과 접해 온 내 경험으로 보면, 누구든 처음 노숙을 할 때는 이와 같다. 어디에서 자면 좋은지도 알지 못하고, 따뜻하게 자는 방법도 알지 못한다. 우선 두려워서 잠을 잘 수 없다. 게다가 히사시가 공원에 오랜 시간 있자 근처 주민이 그를 경찰에 신고하는 바람에 그곳에서도 쫓겨나고 말았다.

이틀째에 면접을 봤던 아르바이트가 결정되어 셋째 날부터 일을 시작했다. 책을 배송하는 일이었다. 일당은 오전 9시에서 오후 5시까지 근무하는 조건으로 6,100엔이었다. 매일 5천 엔을 받고, 남은 것은 주 단위로 월요일에 받았다. 직장에는 300명 정도가 일하고 있었지만 히사시는 200명 정도는 자신처럼 '잘 곳이 없는' 사람들이 아닐까 하고 생각했다.

예를 들어 큰 수하물을 회사 창고에 가득 채우는 사람이 있었다. 또 넷카페의 심야 할인권을 이용하고 있던 직장 동료도 있었다. 히사시는 매주 한 번은 몸을 쉬기 위해 산야(도쿄 다이토 구에 있는 일용 노동자 거리)에 있는 '편이 여관(흔히 '도야'라고 불림)'의 다다미 세 개로 된 개인실을 이용했는데, 같은 작업을 하고 있던 20대 여성을 산야에서 만나기도 했다. '잘 곳이 없다'는 것을 확실히 알 수 있는 사람이 있는가 하면, 반대로 도저히 그렇게 보이지 않았던 사람도 실은 잘 곳이 없어 고생하고 있다는 사실에 히사시는 충격을 받았다. '300명 가운데 200명 정도'라는 숫자는 "그마저……"라는 놀라움에서 나왔다.

일을 시작한 지 한 달 뒤, 히사시는 가까스로 넷카페 생활에서 빠져나와 다시 게스트하우스로 거처를 옮겼다. 자신이 가진 돈만으로는 가능하지 않았고, 나오미의 급료 중 일부를 사용했다. 가장 싼 곳을 찾아 이번에는 사이타마 현에서 빌렸다. 매달 2만 8천 엔에, 청소비는 5천 엔이었다.

50여 일을 보낸 넷카페 생활에서 가장 힘들었던 것은 머물기 시작한 지 2주가 되자 점원의 태도가 급격하게 무례해진 점이었다. "근처에 나란히 있던 손님은 정중하게 대하면서도 나에게는 더 이상 '손님 대우'를 해 주지 않았어요." 제대로 된 접객 서비스를 해 주지 않아도 내일도 올 사람이라고 생각했기 때문일까? 그렇지 않으면 넷카페에서 살아갈 수밖에 없는 사람들에 대한 차별 의식 때문일까?


### 생활 상담을 하기 위해 '모야이'로

다시 2주가 지난 6월 중순에 나오미도 여관 일을 끝내고 게스트하우스로 옮겼다. 히사시와는 다른 게스트하우스였다. 다른 게스트하우스를 계약한 것은 "그쪽이 쌌기 때문"이었다. 열흘 뒤, 히사시는 허리를 다쳤고, 게다가 지병인 천식도 심해져 책 배송 아르바이트를 그만두어야만 했다. 그 당시 두 사람이 저축한 돈은 25만 엔이었다.

둘이서 살 수 있는 도쿄 근교 다마 지역에 있는 게스트하우스를 찾아봤지만 쉽지 않았다. 휴대전화로 보증금과 사례금을 요구하지 않는 집을 검색하다가 부동산 회사 S의 광고를 발견하고 본사에서 집을 소개받았다. 이 부동산 회사는 보증금, 사례금, 부동산 중개 수수료가 없고, 보증인이 필요 없는 임대 물건을 전문적으로 취급하고 있었다. 두 사람을 맞이한 직원은 이렇게 말했다. "간단히 말하면 호텔입니다. 만약 집세가 하루라도 늦어지면 열쇠를 바꿉니다. 보통 호텔은 돈을 지불하지 않으면 짐을 맡길 수 없지요."

히사시는 어딘가 수상한 것을 느껴 반대했지만 나오미는 적극적이었다. 결국 임대료(계약 약관상은 '시설부건이용료施設付鍵利用料, 즉 시설의 열쇠를 이용한 값으로 내는 요금') 5만 9천 엔, 임대 보증 회사 이용료 4만 엔, 청소비 1만 엔, 모두 합해 10만 9천 엔을 지불하는 계약을 하고, 6월 28일에 입주했다. 이 시점에서 수중에 남은 돈은 10만 엔이었다.

입주 후에, 부부는 여러 가지 일을 찾았지만 히사시의 요통은 낫지 않았고, 나오미의 정신 건강 상태도 이전보다 불안정해졌다. 일은 쉽게 찾을 수 없었다. 7월 10일, 히사시는 내가 속해 있는 NPO 법인 자립 생활 서포터 센터('모야이')에 전화해 상담 신청을 했다. 1년 전 처가에 있을 때 TV에서 모야이를 보았는데, 이름만 기억하고 있어서 인터넷으로 검색했다고 했다. "무사시무라야마 도시락 공장을 그만두었을 때처럼 좀 더 힘들었던 시기가 있었을 텐데 어째서 그 시기에는 연락하지 않았는지" 물어보았다. "그 당시에는 수중에 돈이 없어 상담조차 할 수 없을 것이라고 생각했다"고 히사시는 말했다.

7월 12일, 모야이 활동가가 생활보호 신청을 하는 데 동행했다. 7월 20일, 생활보호 대상자로 결정되어 지원을 받게 되었다. 집세가 하루 늦은 것만으로 쫓겨나야 하는 주거 환경은 주거로서 합당하지 않다고 주장해서 통상적인 임대차 아파트로 이사했다.

현재 히사시의 요통은 나아지고 있지만, 그렇지 않아도 몸 상태가 좋지 않은 상태에서 무리에 무리를 한 나오미는 병이 더욱 악화되었다. 이 때문에 히사시는 당분간 "집을 비울 수 없는" 상태이다.


빈곤은 자기 책임인가

초등학교 시절에 부모님을 잃었다. 가난한 가정에서 자랐고 정신적인 질환을 갖고 있다. - 이러한 두 사람의 사례는 쉽게 '극단적 사례', '드문 경우'로서 개인적 불행이나 불운의 문제로 처리되기 십상이다. 또한 20년에 걸쳐 비정규직 노동을 전전하고 상황이 좋지 않아 일을 계속할 수 없었다는 부분은 "근성이 부족하다", "계획성이 없다"와 같은 비난을 받기도 쉽다.

하지만 이런 관점에서는, 성실하게 계속 일하고 있는데도 소년기와 청년기에 겪은 불행과 불운이 그 후의 인생에서도 바뀌지 않았다는 점, 그리고 이를 극복하려고 해도 지원하는 사회 기구가 없다는 문제를 간과하게 된다.

니타 부부는 생활을 개선해 보려고 몇 번이나 시도했지만 그것을 가능케 하는 직장은 결국 나타나지 않았다. 돈이 없는 가운데 값싼 주거를 찾았지만 싸고도 안심할 수 있는 주거는 결국 없었다. 가족과 친척에게 부탁할 수도 없는 가운데 생활의 재건을 도와줄 사람은 나타나지 않았다. 행정적으로 어떤 지원을 받을 수 있다는 말도 듣지 못했다. 부부는 문자 그대로 고립무원하게 살아온 것처럼 보인다.

누구에게도 의지할 곳 없는 상태로 방치한 채 이를 그대로 정당화하는 것이 자기 책임론이다. 그렇지만 자기 책임론을 소리 높여 주장하는 사람도 홀로 살아갈 수는 없을 것이다. 관과 민을 불문하고 지원이 부재하는 현실을 진정 긍정할 수 있을까? 거기에 행정과 사회의 책임은 없는 것인가? – 지금 서서히 이러한 문제에 사람들의 관심이 집중되고 있다.

니타 부부와 같은 사례는 이 밖에도 얼마든지 들 수 있다. 모야이에는 거의 매일같이 연령도 성별도 세대 구성도 다른 다양한 사람들로부터 SOS가 몰려오고 있다. 본인 책임으로 돌리기에는 너무나도 다양한 사람들이 매일 새롭게 빈곤 상태로 떨어지고 있다. 그것은 현대 일본 사회에 사람들을 가난하게 만드는 어떤 구조적인 요인이 있기 때문은 아닐까라는 의문을 불러일으킨다.

무엇이 문제이며, 무엇이 가능한가를 진심으로 생각할 시기에 와 있는 것은 아닐까.

# 2장 미끄럼틀 사회, 일본

## 1. 3중의 안전망

2007년 3월 25일, 도쿄신문은 '문제가 발생한 사회보장, 약자의 피해, 안전망 검증'이라는 제목으로 좌우 두 페이지에 걸쳐 '생활 도감'을 게재했다(도표 1). 일본 사회의 대표적 안전망이 붕괴된 모습이 그림으로 잘 제시되어 있어 거시적인 측면에서 전체 상을 파악하는 데 편리하다.

도감에 따르면 소위 안전망은 3중 구조를 지니고 있다. 고용(노동) 안전망, 사회보험 안전망, 그리고 공적부조 안전망이다. 안전망은 이처럼 중층적인 구조로 되어 있다. 생활보호가 '최후의 안전망'이라고 불리는 것은 이 때문이다.

그러나 현재 이러한 3중의 안전망이 붕괴하고 있다.

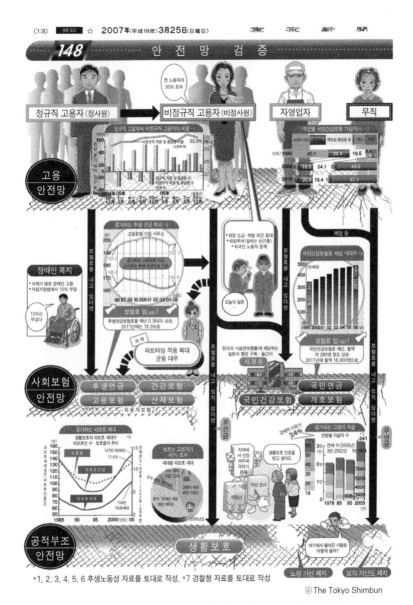

**도표 1** 안전망 3중 구조(도쿄신문 '생활 도감', 2007년 3월 25일 자)

35

고용 안전망

1990년대 장기 불황 이후 정규직에서 비정규직으로 고용 대체
가 급속히 진행되었다. 비정규직 노동자는 최근 10년(1997~2007
년 1사분기) 동안 574만 명이 증가했고 정규지 노동자는 같은 시
기에 419만 명이 감소했다(총무성,〈노동력 조사〉, 도표 2). 비정규
직 노동자라는 것은 기간이 정해져 있는 단기 계약으로 고용된
노동자를 말하며, 광범위하게 파트타임 노동자, 아르바이트, 계
약 노동자, 파견 노동자를 포함한다. 현재 전체 노동자 3분의

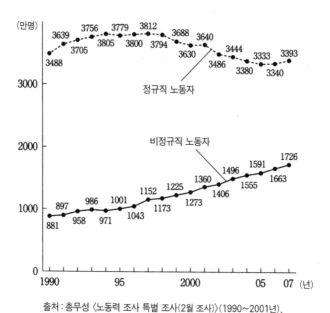

출처 : 총무성〈노동력 조사 특별 조사(2월 조사)〉(1990~2001년),
〈노동력 조사 상세 결과(1-3월 평균)〉(2002~2007년)

**도표 2** 정규직 노동자, 비정규직 노동자의 증감

1(1,736만 명)이 비정규직인데, 청년층(15~24세)에서는 45.9퍼센트를 차지하며, 여성의 경우에는 50퍼센트를 넘고 있다(53.4퍼센트). 또한 지방 상점가가 '셔터를 닫은 거리'가 되었고, 쌀값도 폭락(1990년대 전반에는 60킬로그램이 2만 엔을 넘었지만, 2006년에는 1만 4천 엔대로 약 30퍼센트 감소)하는 등 자영업자의 생활도 어려워지고 있다.

이른바 '프리타(일정한 직업을 정하지 않고, 두세 개 겹치기 아르바이트로 생활하는 젊은 사람을 가리키는 말로, 'free'와 'arbeit'의 일본식 조어 – 옮긴이)'의 연평균 수입은 약 140만 엔으로(다치바나키 도시아키橘木俊詔,《격차 사회 무엇이 문제인가》, 이와나미신서, 2006년), 국세청 발표로는 연 수입 200만 엔 이하의 급여 소득자가 2006년 1,022만 명에 달했다(민간 급여 실태 통계조사). 이미 "성실하게 일하기만 하면 먹고살 수 있는" 상태는 아닌 것이다. 노동 대가로 받는 수입을 통해 생활을 유지해 간다는, 오늘에 이르기까지 일본 사회에서 통용되던 '정상'적 모습이 이제 더 이상 '정상'적이지 않게 된 것이다(도표 3).

이와 같은 고용(노동) 상황은 사람들이 원해서 된 것이 아니다. 비정규직 노동자의 대표 격이라고 할 수 있는 프리타가 417만 명에까지 달했던 것은 2001년이지만(내각부, 〈헤이세이 15년판 국민 생활 백서 디플레이션과 생활 – 청년 프리타의 현재〉), 정규직 고용 노동자를 모집해도 사람이 모이지 않고 비정규직 고용을 원하는 사람들이 다수를 점하는 시기는 지금까지 한 번도 없었다.

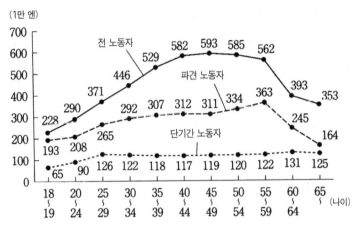

(1만 엔)

출전 : 후생노동성 〈향후 노동자 파견 제도의 존재 방식에 관한 연구회〉 제1회 자료
출처 : 전 노동자, 단기간 노동자에 대해서는 후생노동성 〈임금 구조 기본 통계조사〉(2005년)
　　　파견 노동자에 대해서는 후생노동성 〈노동력 수급 제도에 대한 앙케이트 조사〉(2005년)
주 : 단기간 노동자라는 것은 하루의 소정 노동 시간이 일반 노동자보다 짧거나,
　　한 주 소정 노동 일수가 일반 노동자보다 적은 사람을 말함.

**도표 3** 파견 노동자, 단기간 노동자의 연 수입

　사람들이 '자유롭고 다양하게 일하는 방식'을 바라면서 비정규직 노동으로 흘러가고 있다는 생각은 실제 과정을 왜곡하고 있다.

　실제로는 1990년대 장기 불황 속에서 기업은 노동자의 비정규 직화를 서서히 진행했다. 당시 경단련은 〈새로운 시대 '일본적 경영'〉(1995년)에서 노동자를 '장기 축적 능력 활용형', '고도 전문 능력 활용형', '고용 유연형'으로 분류하고, 일부 주요 업무만 정규직 노동자로 채우고, 나머지는 파견이나 도급을 통해 비정규직으로 바꾸면 인건비를 줄일 수 있으므로 기업의 실적을 올릴 수 있다고 공개적으로 주장했다. 그 후 사태는 그 말대로

진행되었다.

기업이 살아남고 일본 경제가 불황을 탈출하기 위해서는 비정규직화도 어쩔 수 없다는 풍조하에서, 일하는 사람들의 의사와는 별개로 비정규직화가 진행되었다. 비정규직 노동자는 대기업 정규직 노동자 같은 안정된 지위도 없고, 임금도 낮다. 단기 고용 중단에 의해 실업 위험도 높으며, 일하는 것이 생활이 이루어지게 하는 안전망 역할을 반드시 해 주지도 못한다.

비정규직 노동이 만연한 가운데, 정규직 노동자의 지위도 와해되고 있다. "일하고 싶어 하는 사람은 얼마든지 있다"고 말하면 많은 사람은 침묵해 버리기 때문이다. 몇 시간 잔업을 해도 일정 시간만 잔업수당을 받을 수 있는, '가정된 잔업수당'을 포함하고 있는 고용 조건에서 월수입 20만 엔이 안 되는 정규직 노동자는 증가하고 있다. 또한 잔업수당을 지급하지 않으려고 맡고 있는 직무에만 관리직이라는 이름만 붙이는 수법도 횡행하고 있다('가짜 정사원', '이름만 관리직'이라고도 불림).

일을 해도 생활이 어려운 사람, 일터에서 퇴출되어 고용(노동) 안전망에서 떠밀려 버린 사람이 증가하고 있다.


사회보험 안전망

사회보험에는 고용된 사람을 위한 후생연금, 건강보험, 노동보험이 있다. 자영업자나 고령자에게는 국민연금, 국민건강보험, 그리고 개호보험(일본에서 2000년 4월 노인 요양 보장을 위해 시작한 것으로, 보건 의료 서비스와 복지 서비스를 연계해 사회 전체가 고령자에 대한 요양 서비스를 종합적으로 제공하는 독립적 사회보험 체계이다. - 옮긴이) 등 다양한 제도가 있다. 이 사회보험 안전망에도 커다란 구멍이 생기고 있다.

예를 들면 실업 급여이다. 기업이 비정규직화를 추진해 온 것은 비용 절감을 위해서다. 정규직 노동자에 비해 쉽게 고용을 중지할 수 있고, 고용보험이나 건강보험 등에 가입하지 않아도 된다. 법률상으로는 비록 비정규직이라도 일정한 요건을 충족시키는 경우에 회사는 고용보험, 건강보험 등에 가입해야 하는 의무가 발생하지만, 실제로는 적지 않은 비정규직 노동자가 풀타임으로 일하고 있는데도 이에 가입하지 않은 회사가 많다.

그 결과 고용 상태에 있는데도 고용보험에 가입하지 않은 노동자가 증가하고 있다. 실업 급여는, 1982년에는 실업자 59.5퍼센트가 받았지만 2006년에는 21.6퍼센트로 하락했다(도표 4). 그것은 풀타임으로 일하는 비정규직 노동자가 공제된 고용보험료를 기업으로부터 강제로 되찾았기 때문도 아니고, 실업 급여 수령을 거부했기 때문도 아니다. 그것은 이들이 실업 급여 수급 자격을 얻지 못했기 때문이다. 이것도 그들의 자기 책임이라고 말할 수는 없을 것이다.

국민건강보험도 같은 양상이다. 국민건강보험료에 대해서는 2006년에 480만 세대(19퍼센트), 금액으로는 9.85퍼센트라는 높

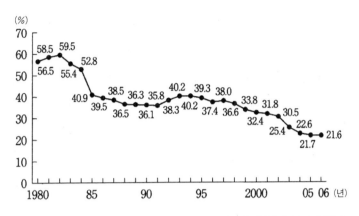

출전 : 고토 미치오後藤道夫, 〈워킹푸어 증대 전사前史와 배경〉,《세카이》 2008년 1월 호
주 : 고용보험 수급률은 완전 실업자에서 차지하는 수급 실제 인원 비율

**도표 4** 고용보험 수급률 추이

은 체납률이 문제가 되고 있다.

일부 신문 보도는 '납부하지 않는' 사람들이 증가했다고 강조한다. 그러나 그 배경에는 가입자의 49.4퍼센트가 60세 이상, 53.8퍼센트가 무직, 세대주가 고용되어 일하고 있는 세대의 61.5퍼센트가 연 수입 200만 엔 미만인 상황에서 국민건강보험료와 그것이 소득에서 점하는 보험료 부담률이 계속해서 올라가고 있다는 사정이 있다.(모두 2005년 수치이다. 국민건강보험료 국고 부담 비율은 1984~2004년 20년 동안 49.8퍼센트에서 34.5퍼센트로 감소했고, 보험료 부담률은 약 8.5퍼센트까지 상승했다.)

국민건강보험료의 장기(1년 이상) 체납자에 대한 '피보험자 자격 증명서'(이하 자격증) 교부는 34만 세대(2007년)로 증가하고 있다. 요미우리신문의 조사에 따르면 대상이 되었던 3,600여 세대 가운데 연 수입 200만 엔 미만이 67퍼센트(100만 엔 미만이 38퍼센트)였다(요미우리신문 2008년 1월 4일). 거리에서 사는 노숙자는 말할 것도 없고, 이른바 '넷카페 난민'의 73.2퍼센트가 건강보험에 가입히지 못하고 있다(후생노동성, 〈주택 상실 불안정 취업자 실태에 관한 조사 보고서〉, 2007년 8월. 이하 '넷카페 난민' 조사. 수치는 도쿄의 실태 조사 결과에 따름). 물론 이 사람들이 민간 의료보험에 가입할 수 있는 가능성은 더욱 낮다.

그 결과 과거 1년 동안에 "아픈 데가 있는데도 의료 기관에 가지 못한" 경우가 저소득층(연 수입 300만 엔 미만, 저축 30만 엔 미만)은 40퍼센트이며, "심각한 병에 걸렸을 때 의료비를 해결할 수 없다"는 불안 속에 사는 사람은 84퍼센트이다(일본의료정책기구조사, 산케이신문 웹판 2007년 2월 15일 자). 자격증을 교부받은 세대의 의료 진료 비율은 교부 수 1위인 가나가와 현에서 3퍼센트 정도, 2위 후쿠오카 현에서 0.9퍼센트 정도로 사실상 의료 진료의 기회를 박탈당했다고 말할 수 있다고 할 수 있다(2005년 전국보험의단체연합회조사). 보험증이 없어 의료비를 감당하지 못하고 결국 진료가 늦어져 사망한 사람은 2005~2007년 2년 동안 적어도 29명이라고 여겨지고 있다(전일본민주의료기관연합회 조사, 주고쿠신문 2007년 3월 1일 자).

게다가 국민연금 보험료의 실질 납부율은 2006년도에 50퍼센트 미만이고, 무연금자는 조만간 80만 명에 달할 것으로 예상된다(다나카 사토시田中敏, 〈무연금, 저연금과 고령자의 소득 보장〉, 국립 국회도서관, 《조사와 정보》 528호, 2006년 5월). 사회보험 안전망에 서도 또한 많은 사람들이 누락되고 있다.


### 공적부조 안전망

일본의 공적부조제도는 소득과 자산이 기준치에 충분치 않은 경우에 생활비, 주택비, 의료비, 교육비 등의 부조를 세대 단위 로 받을 수 있는 생활보호제도이다.

생활보호 수급 세대는 1995년에 최저 72만 세대 88만 명으로 '바닥에 떨어진' 이후, 최근 십 몇 년간 계속 증가해, 2006년에 는 107만 세대 151만 명에 달하고 있다(후생노동성, 〈헤이세이 18 년도 사회복지 행정 업무 보고〉, 도표 5). 그런데도 생활이 곤궁해진 사람 모두가 최후의 안전망에서 보호받고 있는 것은 아니다. 기타큐슈 시에서 생활보호를 받지 못해 또는 생활보호 자격을 상실해 아사한 사건이 3년 연속으로 발생한 것은 이를 잘 보여 준다.

실제로 생활보호 기준 이하에서 살고 있는 사람들 가운데 얼 마만큼의 사람들이 생활보호를 받고 있는지를 보여 주는 지표로 '포착률'이라는 것이 있다. 일본 정부는 포착률 조사를 거부하고 있지만 학자들의 조사에 따르면 일본의 포착률은 대략 15~20퍼 센트 정도이다. 20퍼센트로 하면 약 400만 세대 600만 명, 15퍼

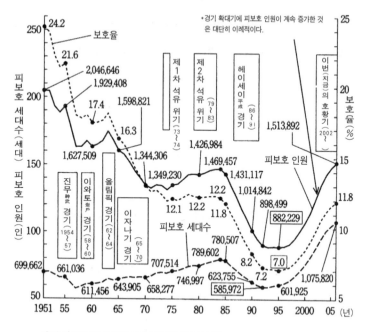

・경기 확대기에 피보호 인원이 계속 증가한 것
은 대단히 이례적이다.

보호율

피보호 세대수(세대) 피보호 인원(인)

보호율(%)

250 ●24.2
●21.6
2,046,646
1,929,408
17.4
200 1,598,821
1,627,509 16.3
1,344,306
1,349,230 1,426,984
150 1,469,457
1,431,117
12.1 12.2 1,014,842
12.2 11.8 898,499
882,229
780,507
789,602 8.2 7.0
707,514 746,997 7.2
699,662 623,755 601,925 1,075,820
661,036 585,972
611,456 643,905 658,277
50

1,513,892
피보호 인원

피보호 세대수

25
24.2

20

15
11.8

10

5

진무(神武)경기(1954~57)
이와토(岩戸)경기(58~60)
올림픽경기(62~64)
이자나기경기(65~70)
제1차 석유위기(73~74)
제2차 석유위기(79~83)
헤이세이(平成)경기(86~91)
이번(지금)의 호황기(2002~)

1951 55 60 65 70 75 80 85 90 95 2000 05 (년)

출전 : 〈생활보호 기준에 관한 검토회〉 제1회 자료
출처 : 후생노동성, 〈헤이세이 18년도 사회복지 행정 업무 보고〉

**도표 5** 피보호 세대수, 피보호 인원, 보호율 추이

센트로 하면 생활 곤궁자 약 600만 세대 850만 명이 생활보호제
도에서 누락되어 있다는 계산이 나온다. 15~20퍼센트밖에 커버
할 수 없다는 것은 단지 망에 '구멍'이 났다는 정도로 가볍게 말
할 수 있는 상태가 아님을 나타낸다.

이 배경에는 여러 가지 요인이 있지만 그중 "아무리 생활이 어
려워도 생활보호를 받을 수 없다"는, 제도 그 자체에 대한 뿌리

44

깊은 부정적 이미지와 함께 자치단체 창구에서 신청도 하지 못하고 쫓겨나는, 이른바 '신청 저지 압력'이 전국에서 횡행하고 있다는 점을 들 수 있다. 일본변호사연합회의 전화 상담 결과에 따르면 자치단체 창구에서 보호 신청을 거부당한 사례 중 66퍼센트는 자치단체가 생활보호법을 위반하는 대응을 했기 때문이라고 한다(일본변호사연합회 편, 《검증, 일본의 빈곤과 격차 확대 - 괜찮은 것인가? 일본의 안전망》, 일본평론사, 2007년). 3명 중 2명이 위법한 대응으로 쫓겨났을 것이라는 이러한 지적은 회계검사원이 제시한 2004년도의 '신청률(상담하러 방문한 사람들 가운데 어느 정도가 신청할 수 있었는가)'의 전국 평균치 30.6퍼센트와 거의 합치한다(〈사회보장비 지출 현상에 관한 회계검사 결과에 대해서〉, 2006년 10월). 신청하지 못한 많은 경우는 위법으로 쫓겨났을 가능성이 있는 것이다.

생활보호라고 하면 곧 "필요 없는 사람들이 받고 있다", "부정 수급자가 있다"라고 말하는 경우도 있지만, 생활보호 부정 수급 건수는 2006년도에 1만 4,669건이다. 필요 없는 사람에게 지급되는 것을 '무분별 지급'이라고 말하며, 정말로 필요한 사람에게 골고루 지급되지 않는 것은 '누락 지급'이라고 하는데, 1만 4,669건의 무분별 지급 문제와 600~850만의 누락 지급 문제 중 어느 쪽이 더 심각한가는 진위를 가릴 필요가 있다고 생각한다.

미끄럼틀 사회

무심코 미끄러지면 어디에도 걸려 멈추지 못해 끝까지 추락하고 만다. 이러한 사회를 나는 '미끄럼틀 사회'라고 부른다. 일본 사회는 현재 '미끄럼틀 사회'로 가고 있는 것은 아닌가.

이깃은 일해도 생활보호 기준(최저생활비) 이하의 수입밖에 없는 '일하는 빈곤층(워킹푸어)'을 생각해 보면 된다. 비정규직화가 진행된 후, 노동시장에 진출하는 젊은이들의 정규직 취직이 이전보다 훨씬 어려워지고 있다. 정규직 고용의 파이가 감소하고 있으므로 당연한 것이다.

비정규직으로 일한다면 보다 높은 실업 위험에 처한다. 그들은 파견 노동의 틈, 또는 기업 실적의 사소한 변화로 실업의 쓰라림을 겪는다. 그러나 그들 대부분은 비정규직으로 일하고 있기 때문에 고용보험에 가입하지 않은 상태이므로, 실업에 처해도 실업 급여를 받지 못한다. 해고당하기도 쉽고, 고용 안전망에서 누락되기도 쉬운 비정규직 노동자일수록 실은 사회보험 안전망에서 보호받기 어렵다. 실업 급여 수급 자격을 갖는 것은 현실에서는 실업 우려가 낮은 대기업 정규직 노동자가 그 중심에 있기 때문에, 실업 급여는 이런 의미에서 격차를 조절하는 기능을 하지 못하고 있다.

게다가 이 사람들은 설령 생활이 곤궁해도 사실상 생활보호를 받을 수 있는 것이 불가능하다. 처음부터 생활보호라는 제도 자체를 알지 못하는 사람도 있다. 제도의 존재를 알고 있어 스스로 받을 수 있는데도 여전히 받고 싶지 않다고 생각하기도 한다. 또는 정말로 생활이 곤궁해 자치단체 창구를 방문해도 "아직 젊으니까 일할 수 있을 것"이라는 '신청 저지 압력'이 기다리고 있다.

결국 3중으로 있어야 할 안전망이 3단 구조로 되어 있지 않다. 도표 1의 고용 안전망에서 비정규직 노동자의 발밑에 비어 있는 가운데 구멍이 사회보험 안전망과 공적부조 안전망에서도 동일한 위치에 있는 것은 이 때문이다. '3중'이라고 말하면 하나에서 빠지더라도 다음에서는 걸리는 3단으로 구성된 안전망을 연상하지만 비정규직 노동자에게 3개의 안전망은 한 세트이며, 그들은 여기에서 완전히 배제되어 있다. 첫 번째 단계에서 떨어진 사람은 두 번째와 세 번째 단계에서도 그대로 떨어지는 구조인 것이다.

OECD(경제협력개발기구)는 세금과 사회보장 이전에 따른 상대적 빈곤율 감소 효과가 일본에서는 극도로 적다는 것을 지적하고 있지만(OECD,《1990년대 후반 OECD 여러 나라의 수입 격차와 빈곤 - OECD사회, 고용, 이민 워킹 페이퍼 22》, 고토 미치오, 〈워킹푸어 증대의 전사와 배경〉, 이와나미서점,《세카이》, 2008년 1월 호, 도표 6), 그 원인은 이와 같은 안전망의 배타성에 있다. 그들은 단 한 번 고용 안전망에서 누락된 것이지만 어디에도 걸리지 않고 맨 밑에까지 떨어지고 만다. 따라서 '미끄럼틀 사회'라고 부르는 것이다.

많은 비정규직 노동자(주변화된 정규직 노동자 포함)들은 일렬

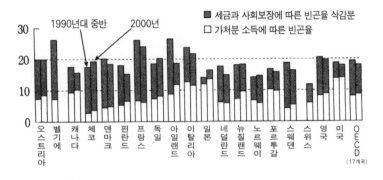

출전 : 고토 미치오, 앞의 논문
출처 : OECD, 《1990년대 후반 OECD 각국의 수입 격차와 빈곤
    – OECD 사회, 고용, 이민 워킹 페이퍼 22》 29항

**도표 6** 세금과 사회보장 이전에 따른 상대적 빈곤율 삭감 효과

로 연달아 있는 구멍의 주변(빈곤의 심연)에서 살고 있어 그 삶은 문자 그대로 빈곤과 표리 관계에 있다고 할 수 있다. 최근에 청년 빈곤 실태가 사람들에게 충격을 주면서 보도되고 있지만 이러한 안전망의 구조적 문제를 보면 그리 놀랄 일도 아니다.


일본 사회에 넓게 퍼진 빈곤

'미끄럼틀 사회'에서 미끄러진 많은 사람들이 현재 빈곤 상태에 처해 있다. 소득 수준에서 보면 1년을 일해도 연 수입이 200만 엔 미만인 사람이 1천만 명을 넘어섰다. 고령자와 무직을 포함하면 소득이 가장 낮은 20퍼센트에 속한 사람들(소득순으로 전

48

체 인구를 20퍼센트씩 5개로 나눌 때)의 평균수입은 129만 엔, 연 수입 200만 엔 미만이 총수 4,753만 세대의 18.9퍼센트인 898만 세대를 차지한다(후생노동성, 〈헤이세이 18년도 국민 생활 기초 조사 개황〉, 도표 7).

고령자에서는 무수입이 5.3퍼센트, 월수입 10만 엔 미만이 40 퍼센트에 달한다(전일본민주의료기관연합회, 〈고령자 의료, 개호, 생활 실태 조사〉). 고령자 가운데 매년 비율이 증가하고 있는 독신 고령자(2000년에 남성 8퍼센트, 여성 17.9퍼센트)의 소득을 보면 2001년에 연 수입 120만 엔 미만이 남성 21.5퍼센트, 여성 37.6 퍼센트에 달하며 고령자 인구에서 상대적 빈곤율(수입에서 세금,

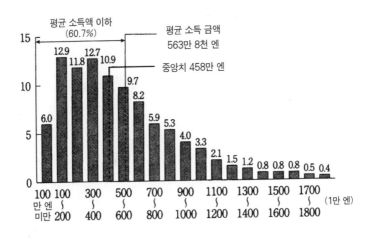

출전 : 후생노동성, 〈헤이세이 18년도 국민 생활 기초 조사 개황〉

**도표 7** 소득 금액 계급별 세대수의 상대도수 분포

연금을 제한 가처분소득이 고령자 세대 전체의 중앙치〔가장 낮은 사람들에서 가장 높은 사람까지 나란히 배치했을 때 가장 중앙이 되는 값〕의 50퍼센트 미만밖에 안 되는 세대의 비율)은 남성 24.9퍼센트, 여성 42퍼센트에 이른다(남녀공동참획회의 전문 조사회 중산보고, 2008년 1월).

게다가 아이들의 빈곤율은 UN아동기금(유니세프)이 발표한 2005년도 조사 보고서에 따르면 OECD 가맹 24개국 가운데 10번째로 높은 14.3퍼센트이다. 1990년대를 지나면서 2.3퍼센트 상승한 것이다.

자산 수준에서 보면 이른바 '저축이 없는 세대'가 2005년에 23.8퍼센트로 10년 전의 약 4배이다. 20대에서는 36.6퍼센트, 30대에서도 26.9퍼센트에 달하며 그중 연 수입 200만 엔 미만이 55.6퍼센트이다(금융홍보중앙위원회, 〈가계 금융자산에 관한 여론조사〉). 가계 저축률(가처분소득 가운데 저축으로 돌리는 비율)도 2006년도에 3.2퍼센트로 9년 전의 30퍼센트 이하로 감소했다(내각부, 〈국민 경제 계산〉).

배경에 있는 것은 고용 환경의 악화이다. 기업 실적은 2006년도 판매액이 전년 대비 3.9퍼센트 증가한 1,566조 4,329억 엔, 경상이익도 마찬가지로 5.2퍼센트 증가한 54조 3,786억 엔으로 모두 역대 최고를 기록했다(재무성, 〈법인 기업 통계조사〉). 그럼에도 불구하고 일본의 노동 분배율(경상이익 등에서 점하는 인건비 비율)은 1998년을 정점으로 2001년 이후 계속 감소하고 있다(농림중앙금고

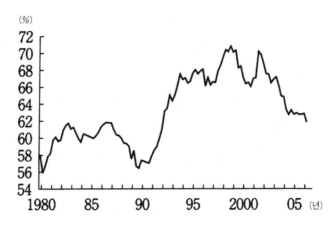

(%)

출전 : 농림중앙금고총합연구소, 〈2006~2007년도 개정 경제 전망〉
출처 : 재무성, 〈법인 기업 통계 계보〉
주 : 노동 분배율 = 인건비 / (경상이익＋순 금융 비용＋감가상각비＋인건비)

**도표 8** 노동 분배율 추이

총합연구소에 따르면 1998년 10~11월 70.9퍼센트에서 2006년 7~9월에 61.7퍼센트까지 하락했다. 도표 8).

경제 분석가 모리나가 다쿠로森永卓郎는 다음과 같이 지적한다.

"일본에서는 2002년 1월부터 경기 회복이 시작되어 명목 GDP가 14조 엔 증가하는 한편 고용자 보수는 5조 엔 감소했다. 하지만 대기업 임원의 보수는 5년 동안 1인당 84퍼센트 증가했다. 또한 주주의 배당은 2.6배에 달한다. 이러한 것은 파이가 증가한 가운데 인건비를 억제해 주주와 대기업 임원만이 실수입을 늘렸기 때문이다."(〈화이트칼라, 공제, 도입의 움직임은 사라지지 않는다〉, 닛케이BP사 칼럼 'SAFETY JAPAN' 제67회, 2007년 1월 29일)

그 결과 전후 가장 긴 경기상승 시기를 경험하면서도 이전 같은 호황기라면 감소했을 생활보호 수급자가 오히려 증가하는 이상 사태가 발생했다(도표 5 참조).

이러한 상황을 배경으로 연구자들도 다양한 추산을 하고 있다. 다치바나키 도시아키와 우라카와 구니오浦川邦夫는 '가처분소득이 생활보호 기준 미만에 있는 세대의 비율'을 세대 유형별로 계산해, 고령자 세대, 고령자 세대를 제한 독신 세대(취직 세대), 모자 세대, 자식이 없는 부부 세대 등 많은 세대 유형에서 빈곤율이 상승하고 있다고 주장했다. 그들이 추정한 포착률은 2001년에 16.3퍼센트였다(《일본 빈곤 연구》, 도쿄대학출판회, 2007년). 이는 생활보호 수급자 151만 명이 16퍼센트밖에 되지 않는다고 하면 빈곤층의 수는 1천만 명에 달한다는 것을 말한다.

또한 고마무라 고헤이駒村康平도 생활보호 수준 이하의 저소득자 비율을 1999년에 7.7퍼센트, 포착률을 18.5퍼센트로 추산했으며, 또한 취업했는데도 생활보호 수준 이하에서 살고 있는 65세 미만 '워킹푸어 경계층'을 5.46퍼센트, 독신 세대에서 11.1퍼센트로 추계하고 있다(〈저소득 세대의 추계와 생활보호제도〉, 게이오대학, 《미타 상학 연구》, 46권 3호, 2003년 5월 및 〈워킹푸어 경계층과 생활보호제도 개혁의 동향〉, 일본노동정책연구기구, 《일본 노동 연구 잡지》, 2007년 6월 호). 가라카마 나오요시唐鎌直義는 소득이 낮은 10퍼센트 세대가 전체적으로 워킹푸어 상태에 있다고 지적하고 있다(〈중년 가족 워킹푸어의 생활과 사회보장 개혁〉, 준포샤, 《폴리

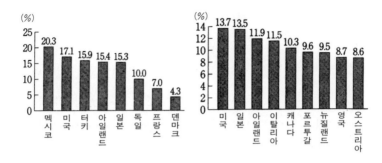

출전 : 일본변호사연합회, 제49회 인권 옹호 대회 자료집
출처 : OECD, 〈대일 경제 조사 보고〉 (2006년 7월)                 출전, 출처 같음

**도표 9** 전 인구의 상대적 빈곤율      **도표 10** 생산 연령 인구의 상대적 빈곤율

틱》10호, 2006년 5월).

국제적으로도 2006년 7월의 OECD에 의한 대일 경제 조사 보고에서 2000년 시점 일본의 상대적 빈곤율은 가맹 25개국 중 5위인 15.3퍼센트, 또한 18~65세의 생산 연령 인구에 대해서도 자료가 있는 17개국 중 미국 다음으로 2위(13.5퍼센트)였다(도표 9, 도표 10).

여기에 소개한 일부 통계 자료와 연구 자료를 보는 것만으로도 일본 사회 전체에 빈곤이 얼마나 넓게 퍼져 있는지 알 수 있을 것이다.

## 2. 피해를 떠맡은 사람들

앞서 제시한 도표 1에는 공적부조 안전망 아래를 들여다보면서 "여기에서 떨어진 사람은 어떻게 될까?"라고 중얼거리는 인물이 그려져 있다. 최후의 안전망에서 누락된 사람들은 단지 돈이 적을 뿐이고, 그 밖에는 다른 사람들과 별반 다르지 않게 일하면서 가족과 평온하게 살고 있을 것이라고 생각한다면 빈곤의 실태는 파악할 수 없다. 돈과 마음에 여유가 없는 상태는 안정적인 삶을 사는 사람들이 쉽게 상상할 수 없는 여러 가지 문제와 스트레스를 낳는다. 빈곤을 계속 양산하는 사회는 무엇을 동시에 생산하고 있는 것인가. 그 한 단면을 보고 싶다.

### 먹고살기 위한 범죄

3중의 안전망이 모두 기능 불완전 상태에 빠진 가운데, 교도소가 제4의 안전망이 되고 말았다고 연합총합 정책국장인 고지마 시게루小島茂는 지적한다(〈사회적 안전망의 재구축을 향해〉, 우쓰노미야 겐지宇都宮健児, 이노마타 다다시猪股正, 유아사 마코토湯浅誠 편, 《이젠 참을 수 없다! 확산되는 빈곤》, 아카시서점, 2007년). 제1부터 제3까지 어떤 안전망에서도 보호받지 못한 사람들이 "담 바깥에서는 먹고살 수 없기" 때문에 범죄를 저지르고 교도소에 들어가고 있다.

2007년 8월 6일 자 일본경제신문 웹판은 다음과 같이 전하고 있다.

"교도소를 만기 출소한 65세 이상 고령 수형자 가운데 약 70퍼센트가 출소 후에 범죄를 저질러 다시 입소하고 있다는 사실이 법무총합연구소의 조사를 통해 밝혀졌다. 고령 수형자를 대상으로 한 조사에서는 반 이상이 금전적으로 빈곤한 처지에 있다고 답했다. 법총연은 재범의 배경은 경제적 불안정 등이고, 사법의 틀을 뛰어넘는 어떤 대책이 필요하다고 지적한다."

'모야이'에는 종종 형사사건의 국선 변호인이 된 변호사가 상담을 청하기도 하는데 2006년 1월에 왔던 메일은 다음과 같다.

"나는 현재, 어느 노숙자(홈리스)의 국선 변호인입니다. 그는 현재 53세로 최근 수년 동안 시내 공원에서 노숙자로 살고 있었습니다만, 이달 2일, 새전(신불에 참배할 때 바치는 돈 - 옮긴이)을 훔치다가 체포되어 현재 형사 피고인입니다. 과거에도 동일한 범죄로 재판을 받고 집행유예 중이었는데 이번에는 실형 판결을 피할 수 없는 상황입니다.

그는 이전 재판 후에 안정적인 직업을 갖고 사회에 복귀하려고 그 나름대로 노력했지만 나이 많은 홈리스를 채용하는 곳이 없어 직업 찾기를 단념했습니다.

앞으로 그가 마음과 태도를 바로잡고 사회에 복귀하려면 주거와 직업을 확보하는 것이 필수 불가결하다고 생각합니다만, 과거의 경위를 보아도 그 사람 혼자서 이를 달성하는 것은 매우 어려울 것입니다. 어떤 좋은 방법이 없을까 하고 인터넷에서 정보를 검색하던 중 귀 센터 홈페이지를 어렵게 찾을 수 있었습니다."

들어 보니 피고인 K가 범한 '새전 도둑질' 피해액은 150엔이라고 한다. 안정적인 직업을 갖고 사회에 복귀하려고 노력했으나 그 일이 여의지 않아 먹고살기 어려운 상황에서 저지른, 아주 적은 금액 150엔 때문에 기소당한 것이다. 검찰은 그러한 그에게 1년 6개월을 구형했다. 물론 판결은 10개월로 단축되었지만 그래도 이전의 집행유예가 취소되었기 때문에 K씨는 이후 3년 가까이 복역해야 한다. 현재 그는 교도소에 있다.

고령의 형법 범죄자가 10년 사이에 3.7배 증가한 홋카이도에서(몽태치기가 52퍼센트) 경찰은 몽태치기(손님을 가장해 상점에서 물건을 훔치는 일 - 옮긴이) 피해 점포에, "발생한 모든 범죄를 신고하는 등 의연하게 대처함으로써 재범을 방지할 수 있다"고 호소하고 있다(홋카이도신문 2008년 1월 18일 자). "사정이 그렇다고 해서 죄를 저질러서는 안 된다"고 말하는 것은 정론이다. 비록 150엔이지만 돈을 훔친 이상 K는 '자기 책임에 대해' 처벌을 받아도 어쩔 수 없다. 그러나 사회의 목적은 그를 교도소에 보내는 것이 아니고 범죄를 감소시키는 데에 있는 것이다. 그가 다시 교도소에 돌아가지 않게 하려면, 진정 필요한 것은 새전 함에 손을 뻗지 않아도 살아갈 수 있게 하는 것이 아닐까? 나는 내가 쓴 생활보호 신청 노하우 책을 감옥에 있는 K에게 차입했다(《당신도 할 수 있다! 정말로 곤란한 사람을 위한 생활보호 신청 매뉴얼》, 도분

칸출판, 2005년).

엄벌주의 방침에서는 교도소에 고령자와 K 같은 사람들이 넘쳐 난다. '교도소에 들어가고 싶다'가 동기가 된 형사사건은 2005년 4월에서 2007년 10월까지 2년 반 동안 보도된 것만 66건에 달한다(가미사다 레이시上貞玲賜, 〈생활보호 메일 뉴스〉). 자전거 한 대를 훔치자마자 그대로 경찰에 자수했던, 가진 돈이 겨우 70엔뿐인 54세 남성(요미우리신문 2007년 6월 17일 자)과 168엔짜리 케이크 한 개를 몽태치기 한 후 도망도 치지 않고 그대로 체포된 47세 남성(마이니치신문 가나가와판 2005년 4월 15일 자)의 경우 등 어느 것이나 생계를 유지할 수만 있었다면 범죄를 저지르지 않았을 것이라고 판단되는 범죄가 적지 않다.

일본의 교도소는 약 4천 명분이 부족하다고 하는데 인구 유출로 고민하고 있는 전국 자치단체 50곳 정도가 교도소 유치 접전을 벌이고 있다. 그리고 2007년 5월, 야마구치 현 미네 시에 'PFI(민간자금 활용 사회자본 정비)' 방식에 의해 수용 정원 1천 명의 '미네 시 사회 복귀 촉진 센터'가 개설되었다. 이른바 '민영 교도소'이다. 경비 회사 세콤을 중심으로 하는 그룹이 운영하고, 입소자는 IC 태그를 부착한 의복을 입고 카메라 200대로 24시간 감시를 받는다.

"교도소가 부족하다"는 말은 사람들의 불안을 자아낸다. 그러나 치안 악화가 '신화'라는 것은 이미 지적되었다(하마이 고이치 浜井浩一, 세리자와 가즈야芹沢一也, 《범죄 불안 사회》, 고분샤신서, 2006

년). 현실적으로 "담 바깥에서는 먹을 수 없다"는 이유로, 즉 빈곤 때문에 범죄가 발생한다면 교도소 신설보다도 효과적인 치안 유지책이 있을 것이다.


## '사랑하는 어머니를 죽인' 이유

일본 사람 대부분에게 미끄럼틀에서 미끄러질 때 잡아 주는 제어 장치는 공적인 안전망(사회보험, 공적부조를 포함한 사회보장)이 아니라 가족과 친족이다. 가족의 지원이 있느냐 없느냐는 결정적인 갈림길이 된다. 이는 가족이 서로 간에 중요한 지원 기능을 한다는 점을 말해 주지만, 동시에 일본 사회가 가족에게 지나친 부담을 강요하는 사회라는 사실도 보여 준다.

2006년 5월 23일, 기타큐슈 시 모지 구에서 미라로 발견된 56세 남성은 수차례 복지사무소에 상담하러 가서 신청 의사를 명확히 밝혔던 사람이었다. 그러나 복지사무소는 그가 차남과 장남의 부조를 받을 수 있다고 판단해 신청을 거부했다. 이후 그는 아사했다. 차남은 편의점 야간 아르바이트가 유일한 수입원이었다.

사회보장의 취약함이 낳은 문제를 가족과 친족이 부담하고, 가족 사이에 여러 갈등이 생기면서 아래와 같은 비극이 발생한 것이다.

2006년 2월 1일, 교토 시내 하천 부지에서 54세 남성이 86세

어머니의 머리를 타월로 감싸 목을 조른 후 식칼로 머리를 잘라 살해했다. 그 후 이 남자는 칼로 자신의 좌측 머리, 배, 좌측 손목을 찔렀고, 가까운 나무에 목을 매 자살하려고 했다. 그러나 그 남자가 의식을 잃고 쓰러져 있는 것을 지나가는 사람이 발견해 그는 목숨을 보전할 수 있었다.

그 남성은 유소년 시절부터 아버지에게서 "타인에게 폐를 끼쳐서는 안 된다"는 말을 들으면서 자랐다고 한다. 38세부터는 월수입 20만 엔에 조금 못 미치는 급료로 부모님을 부양했는데, 그가 44세였을 때 아버지가 사망했다. 그 무렵부터 어머니에게 치매 증상이 나타나기 시작했다. 47세에 회사에서 정리 해고를 당한 그는 저축한 돈을 헐기 시작했고, 1년 만에 생활비가 떨어져 어려움을 겪게 되었다. 그래도 파견 회사에 취직할 수 있었고, 매달 급료 18만 엔을 받아 생활을 다시 꾸려 나갔다.

어머니의 병 상태가 서서히 악화되는 가운데, 2005년 4월부터는 간호를 하느라 일주일에 수일은 한 잠도 잘 수 없었고, 6월에는 어머니가 배회하기 시작해 일을 줄여야만 했다. 7월 하순에는 데이 서비스(특수 시설을 갖춘 양로원 시설을 이용해, 장애가 있는 노인에게 식사, 목욕, 훈련, 레크리에이션 등의 서비스를 낮 동안 제공하는 사업)를 이용해 일과 간호를 모두 하고자 했지만 새로운 환경에 적응하기 힘들었는지 어머니의 증상은 급격히 악화되었다. 9월 초에는 일을 그만두고 실업 급여를 받는 길을 선택해야만 했다.

그 사이에 남성은 7월 중순에 교토 시 복지사무소를 방문해 생활보호 상담을 받으려 했다. 하지만 직원은 융통성 없는 태도로 "열심히 일하세요"라고 말할 뿐이었다. 8월부터 9월에 걸쳐서도 같은 상담을 하러 갔지만 직원의 태도는 마찬가지였다.

실업 급여는 불과 3개월. 해는 어떻게 넘겼지만 2월분 집세 3만 엔은 도저히 지불할 수가 없었다. 1월 하순에는 타인에게 폐를 끼치느니 죽는 것이 낫다고 결심했다. 어머니에게 "이제 돈이 없으니 사는 것은 이쯤에서 그만 포기합시다"와 같은 말을 하자, 어머니는 "그래, 더 이상은 무리인가? 함께 그만두자"라는 같은 대답만 되풀이했다.

남성은 1월 31일, 마지막 효도로 휠체어에 어머니를 태운 후 번화가를 산책했다. 밤에 귀가하지 않은 채 그는 범행 현장이었던 하천 부지에 도착했다. 이른 아침까지 각오가 서지 않아 어머니와 앞서 언급했던 것과 같은 말을 서로 되풀이해 주고받았다. 이른 아침 어머니가 "내가 그만두마"라고 말하자 뜻을 굳혀 범행을 저질렀다. 남성은 생활보호를 받을 수 없게 한 국가를 원망하며, 이 나라에 태어난 것을 부끄러워한다는 내용 등이 적힌 유서를 남겼다.

남성은 '승낙살인죄'로 2006년 7월 21일에 교토 지방법원에서 판결을 받았다. 재판소는 "결과적으로 중죄를 저질렀지만 행정적으로 원조를 받지 못했고 사랑하는 어머니를 살해한 피고인의 고통과 절망감은 말로 다할 수 없다"면서 집행유예를 선고했다. 또한 "일본의 생활보호 행정 방식이 질책받고 있다고 해도 과언은 아니며, 이 사건을 통해 어떤 변화가 있을 것이라고 기대한다"는 이례적인 논설을 남겼다(아사히신문 석간 2006년 7월 21일 및 후나키 히로시舟木浩, 〈교토 간호 살인 사건 보고서〉, 긴키변호사회연합회 주최 일본변호사연합회 인권 옹호 대회 예비 심포지엄 제출 자료, 2006년 9월).

같은 양상의 사건은 오사카에서도 발생했다. 2007년 6월 17일, 오사카 시내에서 49세 남성이 80세 어머니를 목 졸라 죽여 승낙살인죄로 기소되었다. 이 남성도 전기, 가스, 수도가 끊긴 가운데 밀가루를 먹으며 굶주림을 견디다가 오사카 시 복지사무소를 방문했지만 '노동 불가능이라는 의사 진단서'를 가지고 오라는 말을 들었다. 그는 진단서를 뗄 돈이 없어 신청을 단념해야 했다고 한다(아사히신문 2007년 9월 18일 자 외).


### 부모 집에 살면서 굶주리다

언뜻 보기에 가족 문제로 보이는 사건의 배경에는 취약한 사회보장이 낳은 무언의 압력이 있다. 그것은 '모야이'의 상담 사례에서도 확인할 수 있다.

2007년 3월에 상담하러 왔던 31세 남성은 부모 집에 살면서 굶고 있었다. 그는 일주일 동안 거의 아무것도 먹지 못했다고 말했다. 상담 전에 식사를 제공했지만 공복임에도 불구하고 그다지 잘 먹지 못했다. 이야기를 하는데도 말이 순조롭게 나오지 않아 '예'와 '아니오'를 대답하는 것도 쉽지 않아 보였다. 전혀 알지 못하는 사람과 대면하고 있는 것 자체가 괴로웠지만 살기 위해 이곳에 왔다는 그의 고통을 느낄 수 있었다. 부모 집에 살면서 굶주렸던 이유는 직업도 없고, 수입도 없으면서 부엌을 사용하는 것이 쉽지 않았기 때문이라고 했다.

그는 전문학교를 졸업한 뒤 IT 관련 기업에 시스템 엔지니어로 취직했다. 정규직이었다. 그러나 26세에 파견 노동자로 전환되었다. 그 회사는 26세부터 승급이 시작되는데 적지 않은 사람이 그 시기에 파견 노동자로 전환되었다. IT 파견 노동자는 더부살이와 같은 일을 하는 사람으로 하나의 프로젝트를 시작하면 회사에 머물면서 작업하는 날이 많았다. 그러나 프로젝트와 프로젝트 사이에는 반드시 무급 대기 시간이 생기는데, 때때로 여러 주가 될 때도 있었다. 그의 부모는 이를 이해하지 못했다. 어째서 낮에 집에 있어야 하는 일을 할까. 그는 일에서도 가정에서도 정서 불안을 느껴 자기 몫의 일을 해낼 수 없었고 결국 회사를 그만두었다. 그리고 생활비가 부족해 돈을 빌렸다.

비록 파견 노동자로 일한다 해도 충분한 수입이 있었다면, 집을 나가 자기 아파트를 빌렸겠지만 수입이 적은 그는 사실상 집에 머무르는 것 외에는 다른 방법이 없었다. 그 때문에 한층 더 정신적으로 힘들었다.

우리는 그에게 생활보호를 받아 집을 나와 혼자서 살면 가족과 관계도 다시 재정비할 수 있을 것이라고 제안했지만 그에게는 그렇게 할 만한 에너지도 거의 없는 듯했다. 신청을 하는 데 2개월 가까이 걸렸다.

다음은 상담을 하고 1개월 가까이 지난 2007년 4월 하순에 받은 메일이다. "죄송합니다. 이제 모두 허사입니다. 어차피 나 같은 것은 사회가 필요로 하지 않습니다. 모두에게서 방해자로 취급되고 있습니다. 스스로의 노력이 부족하다는 것은 인정합니다. 벌써 한계를 느낍니다. 지금 수중에 1천 엔 있습니다. 이것으로 갈 수 있는 곳까지 가서 죽으려고 합니다. 이젠 피곤합니다. 체력도 바닥이 났습니다."

부모 집에 살면서 이러한 정신 상태에 빠져 버렸다는 것은 조금 상상하기 어려울지 모른다. 그러나 무엇보다도 가까운 곳에서 끝까지 항상 있어 주어야 할 사람들에게서 소외되고, 게다가 그곳에서 벗어나는 것도 가능하지 않은 경우, 사람들은 쉽게 이러한 정신 상태에 빠지고 만다. 그것은 그 자신과 가족 간의 문제인 동시에 공적인 안전망의 문제이기도 하다. 이러한 결여가 그와 가족을 곤경에 빠뜨리고 있다.


아동 학대의 원인

아동 학대에도 같은 측면이 있다. 통상 아동 학대의 원인은 부모의 인격 문제, 쉽게 말하면 "터무니없는 부모가 있기 때문"이라고 쉽게 생각하는 경향이 있다. 그러나 거기에도 '미끄럼틀 사회'에서 수렁으로 떨어져 버린 가정의 고뇌가 충분히 반영되어 있다.

아동 상담소에서 아동복지사로 일하는 야마노 료이치山野良一는 다음과 같이 말한다(우에노 가요코上野加代子 편저, 《아동 학대의 정치학 - '마음'의 문제에서 '사회'의 문제로》, 아카시서점, 2006년, 이하 인용은 이 책에서).

"아동 학대가 있는 가족과 만나 지금까지의 생활사를 들을 때마다 나는 이들이 주로 경제적인 문제로 인해 큰 고생을 했었다는 사실을 확인할 수 있었다. 그들은 정말 고생하고 있었다. 그들은 말할 수 없는 과거를 짊어지고 현재도 그 고통을 계속 감수하면서 살고 있다."

2003년 아동가정총합연구사업 〈아동 상담소가 대응하는 학대 가족의 특성 분석 - 피학대 아동 및 가족 배경에 관한 고찰〉에 따르면 조사 대상이었던 도와 현의 세 지역에 있던 17개 아동 상담소가 실시한 일시 보호 510건(2002년도) 가운데 생활보호 세대, 시정촌 민세 비과세, 소득세 비과세에 해당하는 가장은 전체의 44.8퍼센트를 점했다(불명확한 혹은 회답이 없는 경우를 제하면 65.5퍼센트). 또한 가나가와 현에서 아동 양호 시설, 유아원 입소 아동의 부양 의무자 소득 계층 상황을 보아도 이 세대는 2003년에 87.7퍼센트에 이르렀는데 그 비율은 1990년의 76퍼센트와 크게 변하지 않은 것이다(표 1).

**표 1** 가나가와 현 아동 양호 시설, 유아원 입소 아동 부양 의무자의
소득 계층 상황 및 신규 입소 아동 가운데 피학대 증상이 있는 아동의 비율

| 연도 | 생활보호 | 시정촌 민세 비과세 | 소득세 비과세 | 소득세 과세 | 통계 | 피학대율 (%) |
|------|----------|--------------------|---------------|-------------|------|--------------|
| 1980 | 98(12.0) | 424(52.1) | 96(11.8) | 196(24.1) | 814 | 0.4 |
| 1985 | 97(12.7) | 467(61.2) | 33 (4.3) | 166(21.8) | 763 | 2.6 |
| 1990 | 58 (7.4) | 508(64.5) | 32 (4.1) | 189(24.0) | 787 | 1.9 |
| 1995 | 84(11.1) | 462(61.0) | 31 (4.1) | 180(23.8) | 757 | 12.2 |
| 1996 | 95(12.9) | 459(62.6) | 36 (4.9) | 143(19.5) | 733 | 10.0 |
| 1997 | 86(11.3) | 483(63.9) | 42 (5.6) | 145(19.2) | 756 | 17.6 |
| 1998 | 96(11.3) | 554(65.4) | 42 (5.0) | 154(18.2) | 846 | 14.5 |
| 1999 | 91(11.1) | 559(68.0) | 38 (4.6) | 134(16.3) | 822 | 28.0 |
| 2000 | 78(11.8) | 445(67.5) | 35 (5.3) | 101(15.3) | 659 | 36.3 |
| 2001 | 107(12.5) | 595(69.6) | 29 (3.4) | 123(14.4) | 854 | 45.5 |
| 2002 | 114(13.6) | 589(70.1) | 22 (2.6) | 115(13.7) | 840 | 52.8 |
| 2003 | 127(15.2) | 586(70.2) | 19 (2.3) | 103(12.3) | 835 | 54.9 |

출전 : 우에노 가요코 편저, 《아동 학대의 정치학》, 아카시서점, 2006년
출처 : 〈가나가와 현 아동 상담소 사업 개요〉 (각각의 연도 3월 말 현재)
주 : 실제 수치는 아동 수, (  )안의 단위는 %

아동 학대 문제가 사회적으로 인지되던 1990년대 말 이후, 전
국의 아동 학대 상담 건수는 계속 증가했고, 2006년도에는 3만
7,323건에 달했다(1990년은 1,101건). 상담 건수는 놀랍게도 34배
로 급격히 증가한 사실을 보여 주지만 앞에서 제시한 자료를 보
면 그 본질은 변하지 않았다. 리로이 H. 펠턴Leroy H. Pelton은 축
적된 미국 아동 학대 연구 내용을 근거로 다음과 같이 단언했다.

"20년 이상 조사하고 연구를 했지만 아동 학대와 육아 방기가
빈곤과 적은 수입에 밀접하게 결부되어 있다는 사실을 외면한다
면 아동 학대와 육아 방기에 관한 진실을 보지 못한다."

고용 안정망이 없어 "일하면 먹고살 수 있는" 상태가 아님에도

불구하고 사회적인 원조를 받을 수 없다. 그 때문에 가족 내부에 스트레스가 증폭하고 누구도 원하지 않는 결과가 발생한다.

"어떤 이유가 있어도 아동 학대는 용서할 수 없다"는 정론이 있다. 그러나 진정 필요한 것은 아동 학대를 없애는 것이고, 부모의 치료와 처벌은 그에 필요한 한에서 행해져야 한다. 여기에서도 앞서 소개했던 범죄와 유사한 논리가 성립한다. 진심으로 생각해야 하는 것은 "나쁜 짓을 했으므로 처벌한다"는 충동적인 응보주의나 엄벌주의가 아니라 "피해를 없애기 위해 진정으로 필요한 것은 무엇인가?"라는 것이다.

야마노와 펠턴은, "그 사람들은 복지 서비스를 받을 가치가 없다"면서 부모들을 배제함으로써 누구도 바라지 않는 결과를 초래하고 있는 현재의 사태를 안타까워한다. 아이를 빼앗겼던 부모가 상처를 받고, 부모와 떨어진 아이가 마음에 상처를 입는 것만이 아니다. 사회적 비용으로 계산해 봐도 "생활보호로 부모 자식이 생활할 때(가족 구성원이 2인이라면 대도시 지역에 있는 일급지 기준액으로 약 18만 엔) 이상의 세금이 아이 한 명의 시설 생활(대도시 지역에서는 적게 추측해도 약 20만 엔)에 든다는 경제적인 비효율성"(야마노)이 있다.

아동 학대를 진심으로 없애고자 한다면 곧바로 원인으로 향하지 않으면 안 된다. 그것은 "아동 학대와 육아 방기를 줄이기 위해서는 적어도 빈곤선 위로 가족의 수입을 증가시켜야 하는"(펠턴) 것이다.

부모와 떨어진 아이, 아이와 떨어진 부모

2007년 9월 19일, '모야이'에 아래와 같은 상담 메일이 왔다.

"인터넷에서 여러 가지를 검색하다가 이곳 홈페이지에 우연히 들렀습니다. 지금 XX 현 OO 시에서 주소 없이 차에서 숙박하며 살고 있습니다. 우리 부부는 아이가 한 명 있습니다. 아이는 현재 아동복지과의 도움으로 초등학교에 다니고 있습니다. 시청 등에 상담하러 가 보았습니다만 주소가 없어 지원하기 어렵다는 말을 들었습니다."

상세한 사정을 듣고 싶어 답장을 보냈는데 다음 날 또 연락이 왔다.

"6월 말부터 8월 말까지 일하러 나갔지만 몸이 좋지 않아 9월 7일에 퇴사했습니다. 지금 구인 정보지 등에서 더부살이 일을 찾고 있습니다. 파견은 많이 있지만, '공공직업안정소(일본 조어 hallowork – 옮긴이)'에 구인 정보를 보러 갈 생각입니다. 처가 파견 일을 열심히 해 주어서 겨우 살아가고 있습니다. 하루라도 빨리 아이와 함께 살기 위해 힘내야 한다고 생각합니다."

그러나 메일에는 다음과 같은 문장도 있다.

"XX 현 아동복지과 쪽과 OO 시의 아동과 쪽은 매우 친절하게 배려해 주어 고맙게 생각합니다. OO 시의 복지과 쪽은 숙박할 수 있는 자동차가 있고 이동이 가능하므로 복지과로서는 할 수 있는 것이 없다는 것이었습니다. 스스로 주소를 정하지 않으면 어떤 것도 할 수 없다는 것입니다."

생활보호법은 주소가 정해져 있지 않은 상태의 경우, 현재 있는 장소에서의 생활보호 신청을 인정하고 있다(19조 1항 2호). 따라서 "스스로 주소를 정하지 않으면 어떤 것도 할 수 없다"는 것은 명확한 위법 대응이다. 이 부부는 일하고 있고, 일하려 하고 있다. 그렇다면 생활보호를 적용해 자동차 생활에서 벗어나게 해 줌으로써 그들이 충분한 휴식을 취할 수 있도록 환경을 정비해 주는 것이 담당 부서의 일일 것이다. 그것은 아이를 위한 일이기도 하다.

멀리 떨어진 곳이어서 직접 대응할 수는 없었기 때문에 현지 주변에서 도움을 주는 법률가를 찾았다. 9월 26일에 생활보호 신청을 했다. 아파트를 찾는 데 어려움이 있었지만 10월 9일에는 다음과 같은 메일을 받았다.

"오늘 생활보호 결정 통지가 나왔습니다. 내일 부동산 가게에 결정 통지를 가지고 갈 것입니다. 그리고 그 통지를 보증협회에도 돌릴 예정입니다. 이후 11월 1일 입주하기 위해 힘내려고 합니다. 파견 일이기는 하지만 목요일부터 일을 시작합니다. 오늘부터 기숙사에 입주했습니다. 정말 감사합니다. 머지않아 아이와 함께 살 수 있는 상황이 될 것으로 생각합니다. 이것만을 기대하면서 힘을 내려고 합니다."

부부를 자동차에서 생활하게 놔둔다면 머지않아 심신이 피폐해져 일할 수 없게 되고 아이도 부부와 떨어져 시설에 맡겨질 것이다. 반면 하루빨리 생활보호를 적용해 주거를 확보하면 다시 일을 하고 부모와 자식이 함께 모여 살아갈 수 있게 된다. 어느 쪽이 아이, 부모, 행정, 사회에 바람직하고 '유리한' 것인지는 생각할 것도 없다.

유감스럽게도 이러한 사례는 전국적으로 빈번하게 발생하고 있다. 가장 최근 사례가 3년 연속 생활보호 관련 아사 사건이 발생한 기타큐슈 시 사례이다. 아동 상담소와 생활보호 담당 경험을 지닌 전 기타큐슈 시 직원 후지야부 다카하루藤薮貴治는 "많은 모자 세대가 생활보호에서 배제되어 생활이 더욱 어려워지고, 이로 인해 아이가 아동 양호 시설에 맡겨지는 것이 아닌가?"라는 의문을 강하게 품고 있다(후지야부 다카하루, 비토 히로키尾藤廣喜.《생활보호 '어둠의 기타큐슈 방식'을 조사하다》, 아케비쇼보, 2007년). 이 시의 전체 생활보호 수급 세대에서 차지하는 모자 세대 비율은 다른 정령 지정 도시('정령'은 일본 내각이 낸 법령으로서 '정령 지정 도시'는 정령으로 정한 오사카, 나고야 등 18개 대도시이다. - 옮긴이)에 비해서 매우 낮다(삿포로 시 15퍼센트, 사이타마 시 11.2퍼센트, 지바 시 7.4퍼센트에 비해 기타큐슈 시는 1.8퍼센트). 후지야부는 "아이를 시설에 맡기고 일하세요"라는 말을 지속적으로 들으면서 10년이나 신청을 하지 못했던 40세 여성, 5년간 계속 신청 방해를 당했던 31세 여성의 사례를 언급한 뒤에 "모자 세대의 배제는 아동 학대를 낳는다"면서 행정상 방치된 빈곤과 아동 학대는 역시 밀접한 관련이 있다고 지적한다.

사회보장 부재가 가족 내부에 스트레스와 갈등을 증폭시키며,

그것이 가져온 결과에 대해서 공적 기관은 더욱더 잘못된 대응을 해 문제를 돌이킬 수 없는 지경에까지 이르게 한다. 이러한 악순환을 보지 않고 부모들의 개인적 문제로 아동 학대를 처리해 부모 자식을 불필요하게 떨어져 있게 한다면 그 사회의 죄는 너무나도 크다.

### 빈곤의 세대 간 연쇄

이 문제는 필연적으로 빈곤의 세대 간 연쇄와 결부된다.

오사카의 사카이 시 건강복지국 이사인 미치나카 류道中隆의 조사에 따르면, 생활보호 수급자(세대주)가 자랐던 가정도 생활보호를 받았던 경우는 390세대 가운데 98세대(25.1퍼센트)에 달했다. 그 가운데 모자 세대는 106세대 가운데 43세대(40.6퍼센트)가 다음 세대에도 계속해서 생활보호를 받고 있다. 부모가 생활보호를 받고 있다면 자신도 생활보호 대상자가 되는 빈곤의 세대 간 연쇄가 확인된 것이다. 미치나카는 "경제적으로 곤란한 가정에서 태어난 아이가 풍요로운 가정에서 성장한 아이들보다 기회나 발달 조건, 장래의 가능성에서 더 배제될 위험이 높은 생활환경에 처해 있다는 사실을 이 조사 결과는 수량적으로 실증하고 있다"고 적고 있다(〈보호 수급층의 실태 조사에서 나타난 빈곤의 양상 – 보호 수급 세대에서 빈곤의 고정화와 세대 간 연쇄〉, 생활경제정책연구소, 《생활경제정책》, 2007년 8월 호).

'빈곤의 연쇄'는 극히 최근에서야 보도되었지만 이전부터 빈곤의 세대 간 연쇄는 일어나고 있었고 거기에는 구조적인 요인이 있었다. '미끄럼틀 사회'에서 현실적으로 가족밖에는 받쳐 주는 곳이 없다면 이러한 여유가 없는 빈곤 가정에서 태어난 아이들이 빈곤을 되풀이하는 것은 당연해 보인다.

2006년에 상담을 위해 '모야이'를 방문했던 21세 남성은 아버지가 오사카에서 노상 생활을 했기 때문에 아동 양호 시설에서 자란 사람이었다. 그러나 그 역시 시설을 나온 후에는 노상 생활자가 된 '홈리스 제2세대'였다. 또한 사이타마 시의 넷카페에서 7년간 머무르며 일용 파견으로 일하는 34세 남성은 모자 가정에서 자랐지만 어머니는 그가 고등학교 1학년 때 집을 나가 그 이후 혼자서 살아왔다. 1장에서 소개했던 니타 히사시는 이미 서술했던 것처럼 초등학교 3학년 때 아버지를, 초등학교 6학년 때 어머니를 잃었다. '넷카페 난민' 조사에서도 "곤란한 것과 괴로운 일을 상담할 수 있는 사람이 있습니까?"라는 질문에 대해서 "부모"라고 대답한 경우는 불과 2.7퍼센트였다. "상담할 수 있는 사람이 없다"는 응답은 42.2퍼센트였다.

태어나서 자란 가정의 빈곤은 아이의 학력에도 영향을 미치고 있다.

현재, 대학 졸업까지 양육 비용은 1인당 평균 2,370만 엔 정도 드는 것으로 알려져 있다. GDP에서 차지하는 공공 재정 지출 학교 교육비는 3.5퍼센트로 OECD 30개국 가운데 29위이며, 이것이 국립대학 표준으로 연간 53만 5,800엔(2006년)이라는 세계에서 가장 높은 학비의 원인이 되고 있다. 연 수입 대비 재학 비용 비율은 연 수입 200~400만 엔 세대에서 57.3퍼센트에 달한다(일본고등학교교직원조합 팸플릿, 〈취학과 진로를 보장해 고교생, 청년의 미래를 연다〉, 2006년 11월).

공립학교에 다니는데도 학습비 총액(수업료, 통학비, 학원비)은 연평균 52만 엔이 필요하며, 연 수입 400만 엔 미만인 저소득층도 연간 43만 4천 엔을 지출하고 있다(문부과학성, 〈헤이세이 18년도 자녀 학습비 조사〉). 수업료 감면율은 전일제全日制에서 8.6퍼센트(20만 명)에 달한다. 초등학교나 중학교에 다니는 아이를 둔 저소득 가정에 지급된 취학 지원금도 모든 아동의 12.8퍼센트, 133만 7천 명(2004년)에 이르지만 학교 관련 비용 전부를 해결할 수 있는 것은 아니다. 생활보호 세대에 고등학교 등 취학비를 지급하기 시작한 것은 2005년부터이다. 사회 전체 고교 진학률은 97.7퍼센트(2007년)에 달하고 있지만, 생활보호 세대에서는 약 70퍼센트에 그치고 있다.

미치나카의 조사에서도 생활보호 세대주의 학력은 중졸과 교교 중퇴가 390세대 가운데 283세대(72.6퍼센트)를 차지한다. '넷카페 난민' 조사에서도 중졸 학력이 19.2퍼센트, 고교 중퇴가 21.4퍼센트에 달했다. 후생노동성 〈홈리스의 실태에 관한 전국 조사〉(2007년 4월)에 따르면 거리에서 살아가는 노숙자 가운데 중졸자는 55.5퍼센트에 이른다. 일본교직원조합의 앙케이트 조

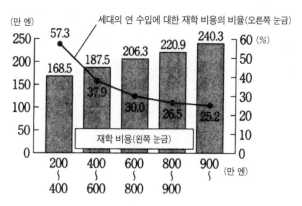

(만 엔)
세대의 연 수입에 대한 재학 비용의 비율(오른쪽 눈금)

재학 비용(왼쪽 눈금)

출전 : 일본고등학교교직원조합 팸플릿, 〈취학과 진로를 보장해 고교생, 청년의 미래를 연다〉
(2006년 11월)
출처 : 《월간 학습》 2006년 10월
주 : 초등학교 이상에 재학 중인 아이들 전원에 드는 재학 비용과, 그 연 수입에 대한 비율,
국민생활금융공고(주택자금이나 사업 자금 등의 금융 업무를 취급하는 정부의 금융 기관)총합
연구소, 〈가계 교육비 부담 실태 조사〉

**도표 11** 연 수입 계급별로 본 세대의 재학 비용과 세대의 연 수입에 대한
재학 비용의 비율(2005년도)

사에서도 가정의 경제력 차이가 아이의 학력에 영향을 끼친다고
생각하는 교직원이 83퍼센트에 달했다(류큐신보 2008년 2월 5일
자). 나는 1989년, 1990년 2년간 도내 아동 보호시설에서 학습
도우미로 일했던 적이 있는데, 그 당시 보통고등학교에 진학할
수 있는 중학생은 '5년에 1명'이라고 들었다.

결국 일본은 "돈이 없으면 높은 교육을 받을 수 없는", 즉 "부
모가 돈을 벌지 못하면 아이가 노력해도 학력을 얻을 수 없는"
사회이다. 빈곤 가정에서 태어나고 자란 아이는 저학력으로 사

회에 진출하며, 출발선에서부터 안전망의 뚫린 구멍의 주변에서
벼랑 끝 생활을 하게 된다. 그리고 그러한 저학력자에 불이익이
집중되어 그대로 다음 세대에게까지 세습된다.

# 3장 빈곤은 자기 책임인가

## 1. 5중의 배제

### 5중의 배제라는 것은

2장에서 본 것처럼 많은 사람들이 연령이나 성별, 그리고 세대를 넘어 '미끄럼틀'에서 미끄러져 빈곤 상태에 처해 있다. 도표 1은 그 한 부분을 위에서 내려다본 것이다. 그러나 실제로는 살아 있는 몸을 가진 인간이 사회 전체를 내려다보는 위치에 서는 것은 불가능하다. 사람들은 각자의 안전망 위에서 살고 있고, 또 일부 사람들은 현실에서 그 구멍으로 떨어지고 있다.

정치가, 관료, 평론가도 아니지만 추락하는 사람들과 매일 접하고 있는 우리들은 그 사람들의 시선에서 세상사를 파악할 필요가 있고, 그렇게 해야만 보이는 어떤 것이 있다. 빈곤 상태에 처한 사람들의 시선에서 사회를 볼 때, '구멍으로 떨어지는 것'은 각각의 안전망에서 배제된다는 것을 의미한다. 정규직 노동자가 되고 싶지만 면접에서 떨어지고, 등록했지만 일을 구할 수 없으며, 생활보호를 신청하러 가도 쫓겨나는 것은 본인들의 경험에서 보면 배척당했다는 것 외에는 다른 의미를 가질 수 없다.

지금까지 말해 온 것을 근거로 해서 나는 빈곤 상태에 이르게 된 배경에는 '5중의 배제'가 있다고 생각한다.

우선, 교육과정에서의 배제이다. 이 배후에는 이미 부모 세대의 빈곤이 있다.

두 번째는 기업 복지에서의 배제이다. 고용 안전망에서 배척당하는 것, 혹은 고용 안전망 위에 있지만 (일하고 있어도) 먹고살 수 없는 상태를 가리킨다. 비정규 고용이 전형적이지만, 그것은 단순히 저임금이나 불안정 고용을 의미하는 것은 아니다. 고용보험, 사회보험에 가입할 수 없고, 아울러 실업 시 위치도 불안정하게 된다. 과거에 정규직 노동자가 누렸던 다양한 복리 후생(저렴한 직원 기숙사, 주택수당, 주택자금 융자 등)에서도 배제되고, 노동조합에도 가입할 수 없으며, 조합 공제 등에서도 배제되는 등 그 모든 것을 가리킨다.

세 번째는 가족 복지에서의 배제이다. 부모와 자식에게 의지할 수 없는 것, 의지할 수 있는 부모가 없는 것을 말한다.

네 번째는 공적 복지에서의 배제이다. 젊은 사람들에게는 "아직은 일할 수 있다", "부모에게 부양을 받아라", 나이 든 사람들에게는 "자식에게 부양을 받아라", 모자 가정에는 "헤어진 남편에게서 양육비를 받아라", "아이를 시설에 맡기고 일해라", 홈리스에게는 "주소가 없으면 보호를 받을 수 없다" 등 당사자가 진정으로 살아갈 수 있을지 어떨지에 대한 관심은 없이 그저 되돌려 보내는 기법만이 세련되어 가는 것이 현재의 생활보호 행정이다.

그리고 다섯 번째는 자기 자신에게서의 배제이다. 무엇을 위해서 살아야 하는가, 거기에 어떤 의미가 있는가, 무엇을 위해서 일하는가, 거기에 어떤 의의가 있는가와 같은 '당연한' 것이 보이지 않게 된 상태를 가리킨다. 첫 번째부터 네 번째까지 배제를 당하고 또한 그것이 자기 책임론에 의해 '당신 탓'이라고 정리되는 것, 게다가 자기 자신이 그것을 내면화해 '자신 탓'이라고 인정해 버리는 경우, 사람은 자신의 존엄성을 지키지 못한 채, 자신을 소중히 생각하지 않는 상태로 빠지게 된다. 어떤 상담자는 "죽지 못해 살아 있다"고 말한다. 주위로부터 계속 배제되어 자신을 보호해 줄 것이 모두 사라져 버린 상태가 지속되면, "세상이란, 누구도 어떤 것도 도와주지 않는 것이다", "살아 있어도, 어차피 좋은 것이 하나도 없다"는 심리 상태에 도달하게 한다.

기대와 소망, 그것을 향한 노력이 좌절되고, 어디에서도 누구에게도 받아들여지지 않는 경험을 반복하면, 자신의 무기력과 사회에 대한 분노가 자신 안에 침전해, 결국은 폭발하고 만다. 정신 상태의 파탄을 피하려면, 그 감정을 조절하지 않으면 안 되며, 그러기 위해서는 주위(사회)와 타협을 하지 않으면 안 된다. 그러나 사회는 그를 받아들이려고 하지 않기 때문에 그 타협의 방법은 일방적인 것이 된다. 그 결과는 자살 혹은 모든 것을 단념해 버린 삶으로 나타난다.

산다는 것과 희망/소망은 본래 양립해야 하는데, 이 둘이 대립해 희망이나 소망을 파기해 버려 결국 간신히 사는 것이 가능한 상태. 이것을 나는 '자기 자신에게서의 배제'라고 명명했다.

안전망의 결여를 조감하는 시점을, 배제되어 떨어지고 있는 당사자의 시점으로 바꿀 때, 무엇보다도 현저하게 보이는 차이는 이러한 '자기 자신에게서의 배제'라는 문제이다. 앞의 도표 1은 어디까지나 '바깥'에서 바라보는 시점이다. 그것을 아무리 여러 각도로 살펴보아도 '자기 자신에게서의 배제'라는 관점은 나오지 않는다. 세상이 힘들어지고, 안전망이 기능하지 않는 이러한 현상을 이해할 수 있는 사람이라도 '자기 자신에게서의 배제'에 대해서는 좀처럼 상상하지 못하는 경우가 많다. "그런 식으로 생각하지 않아도 괜찮지 않은가?"라고 개인의 문제를 어떻게라도 찾아내기도 하고, "나는 절대 그렇게 되지 않는다"라고 단정해 버리기도 한다. 이것이 빈곤 문제를 이해하는 데 제일 힘들면서 중요한 지점이다(덧붙여 말하면 아래의 기술과는 다른 사례로서 '자기 자신에게서의 배제'를 설명한 것에는 니헤이 노리히로仁平典宏, 유아사 마코토, 〈청년 홈리스 – '의욕의 빈곤'이 제기하는 물음〉, 혼다 유키本田由紀 편저, 《청년 노동과 생활 세계 – 그들은 어떤 현실을 살고 있는 것인가》, 오쓰키서점, 2007년 참고).

자기 자신에게서의 배제와 자살

"가난한 사람은 빨리 죽으라는 것인가?"

후쿠오카 현 기타큐슈 시 고쿠라기타 구에서 2007년 7월 10
일, 사망한 지 한 달이 지나 사체로 발견된 52세 남성은, 자신의
일기에 위와 같이 적어 놓았다. "주먹밥을 먹고 싶다." 이 한 문
장을 마지막으로 남기고 죽은 이 남성의 사건은 일본 사회에 큰
충격을 주었다. 남성은 간 경화를 앓아 일할 수 없게 되었고,
2006년 12월부터 생활보호를 받았지만, 복지사무소의 엄격한 취
업 지도로 인해 2007년 4월 2일에는 생활보호를 거부한다는 취
지의 사퇴서를 제출했고, 10일에는 폐지된 상태였다. 그 경위에
대해서는 자신의 일기에 "고쿠라키타 직원, 이것으로 만족해?
사람을 믿는다는 것이 무엇인지 알고는 있는 거야? 3월에 집에
서 들은 말, 잊지 않을 거야! 시민을 위해 일할 수는 없는 거야?
법률은 장식이야? 사퇴서를 쓰게 하고, 도장까지 찍게 하고, 그
게 자립 지도를 한 거야?"라고 적었다(5월 25일). 그리고 날짜는
불분명하지만 이전 일기에 쓴 것이 앞서 말한 한 문장이다. 일기
에는 "모처럼 노력하려는 그 순간에 바로 끝나 버렸다. 가난한 사
람은 빨리 죽으라는 것인가?"라고 쓰여 있었다.

"가난한 사람은 죽는 수밖에 없지."

아키타 현 센보쿠 시 가쿠노다테에 사는 재봉사, 스즈키 유지
鈴木勇治의 발언도 마찬가지다(NHK스페셜 취재반 편,《워킹푸어 –
일본을 좀먹는 병》, 포플러, 2007년). 전후 쭉 재봉 기술자로 일해

79

온 스즈키는 심각한 불황 속에도 어느 시골 마을 셔터 대로 상가에서 여전히 양복점을 하고 있었다. 일은 거의 없었고, 2005년 연 수입은 20만 엔이었다. 아내는 치매로 입원해 있었다. 생활이 어려워지는 한편, 의료비 부담은 커져 갔다. 이 이상 의료비 부담이 커지면 어떻게 생활을 유지해 갈 것인가라는 취재반 질문에 대한 대답이 앞서 언급한 한 문장이었다. "생활보호를 받을 수밖에 없다고 하더라도 이 집을 팔 수는 없어. 나는 재봉사잖아. 집이 있으면 생활보호를 받을 수 없다고 하지? 그러면 할 수 없지 뭐! 가난한 사람은 죽는 수밖에 없지."(단, 주택이 있으면 생활보호를 받을 수 없다는 것은 오해이다.)

누구도 그들에게 "죽어!"라고 말하지는 않을 것이다. 하지만 그들이 사회에서 받는 메시지는 그렇다는 것이다. 일해도 먹고 살 수 없고, 혹은 일할 수 없는데도 제2, 제3의 안전망(사회보험, 공적부조)에서 배제되고, 또는 부담 증가로 생활이 한층 더 압박받는 상황에 둘러싸인다면, 거기에서 '죽음'의 메시지를 받아들이는 것은 당연하다.

일본 사회에서 9년 연속 3만 명이 넘는 자살자가 나왔다는 사실은 잘 알려져 있다(2006년에 3만 2,155명). 그중 유서를 남긴 1만 466명 가운데 '경제, 생활'이 이유인 사람이 28.8퍼센트인 3,010명이므로 전체의 30퍼센트인 약 1만 명이 생활고를 이유로 자살하고 있다고 추정할 수 있다. "빨리 죽으라는 것인가?"라는 글을 남기고 아사한 52세 남성, "가난한 사람은 죽는 수밖에 없지"라고 투덜거린 스즈키, 그리고 실제로 자살한 1만 명은 거의 분리해서 생각할 수 없다. 이 모두는 종이 한 장 차이이다.

"어떠한 이유가 있더라도 자살은 좋지 않다", "살아 있으면 언젠가는 좋은 일이 생길 것이다"라고 사람들은 말한다. 그러나 "머지않아 좋은 일이 있겠지" 따위의 말을 믿을 수 없게 되었을 때야말로 인간은 힘든 자살을 선택한다. 이러한 것을 생각하지 않는다면, 수만 번을 외쳐도 무의미한 것이다.


복지가 사람을 죽일 때

이 밖에도 비슷한 사례는 최근 일이 년 사이에 많이 찾을 수 있다.

2006년 6월 8일에는, 생활보호가 폐지된 68세 남성이, 이를 중지시킨 기타큐슈 시 고쿠라기타 구의 복지사무소에서 할복자살을 시도했다(아사히신문 니시닛폰판 11월 11일 자). 7월 24일에는 아키타 시에서 생활보호 신청을 두 번 연속 거절당한 37세 남성이 시청 앞에서 연탄 자살을 했다(마이니치신문 7월 26일 자). 11월 15일에는 하코다테 시에서 49세 남성이 목매달아 자살했다. 복지사무소에 상담하러 가도 "젊으니까 일을 찾아보세요", "병원에 가서 진단서를 받아 오세요"라며 돌려보냈다고 한다(신문 아카하타 11월 21일 자). 2007년 3월 말에는 후쿠오카 현 야메 시에서 68세 남성이 분신자살했다. 유서에는 "시 당국이 생활보호를 받아 주지 않았다"는 내용이 적혀 있었다(요미우리신문 4월 8일 자). 6월 10일에는 또다시 기타큐슈 시 고쿠라기타 구에서 61세 남성이 목매달아 자살했다. 주변의 말에 따르면 복지사무소 직원이 "일하지 않는 놈은 죽어라"라고 말했다고 한다(고쿠라타임스 9월 1일 자).

2007년 7월 23일에는 '모야이'에 메일이 왔다. 어느 블로그 관리자였는데, 자신의 블로그에 다음과 같은 글이 쓰여 있었다고 한다. "너무도 심각해서 어떻게 대응하면 좋을지 모르겠다"는 것이었다.

전송된 메일의 발신인은 9세 남자아이를 둔, 기타큐슈 시에 사는 48세 아이 엄마였다.

"세 번 정도 시청 보호과에 갔습니다. 처음 갔을 때에 친척에 대해서 여러 가지를 묻고, 부모나 형제에게 도움을 받으라며 개인실에서 직원이 나갔습니다. 황록색 종이(생활보호 안내서 – 글쓴이)를 가지고 오겠지라고 생각했습니다만 그대로 돌아오지 않았습니다. 30분 정도 기다렸지만 그는 여전히 돌아오지 않았습니다. 두 번째 갔을 때는 담당자가 다른 젊은 남자였는데, 보험증이 없기 때문에 병원에 갈 수 없다고 해서 국민 보험에 가게 되었습니다. 세 번째는 시의회 의원과 같이 갔는데, 가스가 중단되었다는 서류와 전기가 그날 끊겼으며 이삼 일 후에는 수도가 단수될 것이라는 서류도 가져갔습니다만, 보여 주지도 못하고 일을 찾으라는 말만 들었습니다. 매일 잠도 오지 않고, 생각하면 할수록 도망갈 수 있는 길은 죽는 것뿐이라고 생각합니다. 현재 병원 의사에게서 우울증 약과 수면제를 받고 있습니다. 깊이 생각하면 눈물만 나고, 매사를 부정적으로만 바라보고 있습니다. 아이들에게 뜨거운 목욕탕에 들어가게 하고 싶습니다. 집세도 밀려 주인이 나가라고 합니다."

메일을 전송한 사람에게 본인의 주소와 연락처를 문의하는 것과 동시에, 기타큐슈 시에 대응해 줄 수 있는 사람을 찾았다. 현지에 있는 다카기 가요코高木佳世子 변호사와 하마다 나기사濱田なぎさ 법무사가 도움을 주어 아이 엄마는 생활보호를 신청할 수 있었다.

그녀는 수일 후 신문에서 "내가 없어지면, 이 아이만은 보호받을 수 있다"는 자살 결의를 당시에 굳히고 있었다고 밝혔다(아사히신문 니시닛폰판 2007년 10월 5일 자).

무수한 자살을 초래한 배후에는 확실히 '자기 자신에게서의 배제'가 있다. 그리고 그것은 네 가지 배제를 당한 결과 나타나고 있다. 이미 말한 범죄나 아동 학대에도 공통되는 것이지만, 자살 역시 빈곤 문제와 밀접하게 결합하고 있다. 여기에서 요구되고 있는 것 역시 "빈곤선 위로 가족의 수입을 늘리는 것"(펠턴, 앞의 책)일 것이다.

2006년 10월 28일 8년 연속 자살자가 3만 명이 넘는 이상 사태를 접한 정부는 '자살 대책 기본법'을 시행했다. 이 법률을 기초로 2007년 6월 8일에는 '자살 총합 대책 대강'을 내각 회의에서 결정했다. 그러나 이 '기본법'에는 1만 명에 이를 것이라고 추정되는 '경제, 생활'로 인한 자살자에 대한 대책이 명기되어 있지 않다. '대강'에는 "문제를 떠맡은 사람에 대한 상담, 지원 체제를 정비하고 충실하게 임하라"고 적혀 있다. 또한 "상담 기관의 존재를 알지 못해 충분한 사회적 지원을 받지 못하는 일이 없도록 관계 기관의 폭넓은 연대를 통해 상담 창구 등을 널리 알리기 위한 대안을 강화할 필요가 있다"고 말하고 있다. 그러나 생활 보장 및 마지막 안전망으로서 생명줄을 잡고 있는 복지사무소 직원의 역할에 대해서는 언급하고 있지 않다.

그런 가운데 전국의 다중 채무자 자조 집단에서 만든 전국 크레딧, 샐러리맨 금융 문제 피해자 연락 협의회는 '자살의 명소'인 후지 산 상록수 원시림에 빚으로 인한 자살을 막기 위한 간판을 설치해, 빚 해결과 생활보호 신청을 통한 생활 재건을 지원하고 있다. 2007년 1월 20일에 개설한 자살 방지 상담 전화에는 약 1년 동안 3,326명이 전화를 했는데, 상록수 원시림에서 간판을 보고 전화한 사람도 30명을 넘었다. 행정 시책이 미치지 않는 가운데, 뜻있는 사람들이 보수도 받지 않은 채 정말로 필요한 곳을 위해 지원하고 있다.

데라쿠보 미쓰요시寺久保光良가 《복지가 사람을 죽일 때 ─ 르포르타주, 포식 시대의 아사》(아케비쇼보, 1988년)를 쓴 지 이미 20년이 지났다. 여전히 일본은 "이 사건을 통해서 어떤 변화가 있을 것이라고 생각"(앞서 언급한 교토 지방법원 판결)하면서 과거의 실적이 아닌, 미래에의 기대를 계속 외치지 않으면 안 되는 상태이다.


## 2. 자기 책임론 비판

오쿠타니 레이코의 발언

죽을 정도로 곤경에 내몰리는 것을 자기 책임이라고 계속 주장하는 사람도 있다. 인재 파견 회사 더 알The R 사장인 오쿠타니 레이코奧谷禮子는 잡지《주간 도요게이자이》와 한 인터뷰에서 다음과 같이 말했다(가자마 나오키風間直樹,《고용 융화 – 이것이 새로운 '일본형 고용' 인가》, 도요게이자이신보사, 2007년).


오쿠타니 : 경영자는 과로사할 때까지 일하라고 말하지 않습니다. 일
　　　　　정 부분 과로사도 자기 관리 문제라고 생각합니다.
가자마 : 과로사마저도 자기 관리 책임이라는 겁니까?
오쿠타니 : 그렇죠. 자신의 건강 상태가 어떤지 평소에 살펴야죠. 말
　　　　　하자면 권투 선수와 똑같아요.
(중략)
가자마 : 그러나 과로사는 증가하고 있습니다.
오쿠타니 : 기본적으로 나약한 개인이 많아지고 있고, 이미 증가한

상태입니다. 확실히 자기 관리의 문제입니다. 자신이 힘
들면 쉬고 싶다고 정확히 말하면 좋을 텐데도 그렇게 말
하면 안 된다는 이상한 자기 규제를 만들어 버렸습니다.
주위에서 휴가를 가라는 말을 듣지 않으면 휴가를 갈 생
각도 하지 않습니다. 자신이 쉬고 싶다면 쉬면 될 텐데요.
타인에게 모든 결정을 맡겨 버린 결과, 회사가 나쁘다, 상
사가 나쁘다, 무엇이 나쁘다고 모두 타인의 탓으로 돌리
고 있지요. 지금의 풍조는 전부 그래요. 문서 파쇄기에 아
이가 상처를 입었습니다. 모두 사회가 나쁘다, 기업이 나
쁘다고 하지요. 어린아이가 우왕좌왕하는 것은 당연한 것
이므로 그것을 바르게 관리하는 것은 부모의 책임입니다.

(중략)

가자마 : 이른바 빈부 격차 논의에 관해서는 어떻게 생각하세요?

오쿠타니 : 하류사회라든가 그런 것은 말장난이에요. 사회가 응석을
　　　　　받아 주고 있습니다. 자신이 노력한다든가, 자신이 도전
　　　　　한다든가, 자신이 실패한다든가 하는 것을 그런 말로 얼
　　　　　버무리고 있습니다. 그러한 경향에 관해서는 걱정하고 있
　　　　　습니다. 그렇게 말함으로써 응석을 받아 주는 사회를 만
　　　　　드는 것이 아닌가 생각합니다.


　오쿠타니는 당시 '잔업수당 제로 법안' 으로 비판받았던 화이
트칼라, 소득세 공제 도입 시비를 논의하던 노동정책심의회의

노동조건분과회 위원(사용자 측 위원)이었다. 이 발언은 기업 책임자가 빈번히 발생하는 '과로사'라는 사회문제를 어떻게 생각하고 있는지, 화이트칼라, 소득세 공제가 어떠한 발상에서 도입되려고 하는지에 대한 기본적 태도를 경영자 측이 스스로 적나라하게 토로한 발언으로서 물의를 빚었다.

이 발언은 국회 예산위원회에서도 다루어져, 이를 지적한 민주당 가와우치 히로시川內博史 의원에게, 당시 야나기사와 하쿠오 柳沢伯夫 후생노동성 장관이 "거기에 기술되어 있는 것, 기록되어 있는 것에 대해 당신은 어떻게 생각하는지 묻는다면, 그것은 전혀 우리의 생각이 아닙니다"라고 대답한 일화도 있다(중의원예산위원회 의사록 2007년 2월 7일).


자기 책임론의 전제

오쿠타니의 발언은 "노동자는 죽으라는 것인가?", "실태를 모르고 있다"와 같은 많은 비판을 받으면서 인터넷 게시판에서 '불타올랐다.' (라쿠텐뉴스 2007년 1월 16일 자) 그러나 여기서 다시 생각해 보고 싶은 것은 왜 많은 사람들이 그 발언을 "심하다"라고 느꼈는가 하는 것이다. 그 이유는 오쿠타니가 개진했던 억지이론 그 자체는 모든 자기 책임론에서 공통적으로 나타나는 전형적인 것이기 때문이다. 오쿠타니의 발언에 이의를 제기한다면 세상에 자기 책임론은 만연하지 않아야 할 것이다. 그러나 실제로는 세상에 자기 책임론은 만연해 있다. 그러면서도 동시에 오쿠타니의 발언에는 이의 제기가 잇따랐다. 그 이유는 무엇일까?

오쿠타니의 발언은 다음과 같이 전개된다. ① 노동자에게는 (쉴 수 있다는) 선택 사항이 있었다. ② 노동자는 굳이 그것을 선택하지 않았다(쉬지 않았다). ③ 본인이 약해서, (권투 선수와 같은) 자기 관리를 하지 않았기 때문이다. ④ 그것은 본인의 책임이다. ⑤ 사회나 기업, 상사(물론 경영자를 포함)에게 책임을 묻는 것은 잘못짚은 것이며, 사회가 응석을 받아 주고 있을 뿐이다.

그녀 자신이 문서 파쇄기의 문제로 응용해 보이고 있듯이, 이 억지 논리에는 모든 자기 책임론에서 나타나는 공통적인 요소가 담겨 있다.

예를 들어 프리타에 대한 자기 책임론은, ① 프리타는 제대로 된 정사원이 될 수 있는 선택 사항이 있었다. ② 프리타는 굳이 그것을 선택하지 않았다. ③ 본인이 약하고 야무지지 못해서, 제대로 된 장래 설계(자기 관리)를 하지 않았기 때문이다. ④ 그것은 본인 책임이다. ⑤ 임금이 적다든가 고용이 불안정하다고 불만을 토로하는 것은 잘못짚은 것이며, 사회가 응석을 받아 주고 있기 때문이라고 논리를 전개한다.

또한 '넷카페 난민'에 대한 자기 책임론은, ① 넷카페에서 살기 전에, 다른 곳에 아파트를 유지할 선택 사항이 있었을 것이다 (더 안정된 일에 종사하고, 부모에게 의지하는 등). ② '넷카페 난민'은 일부러 그것을 선택하지 않았다. ③ 그는 매우 연약해서 적당히 안이한 생각으로 '머무를 수 있을 테니까' 라며 시간을 보냈기 때문이다(자기 관리가 되어 있지 않다). ④ 그것은 본인 책임이다. ⑤ 돈이 모이지 않고, 생활이 힘들다고 불만을 말하는 것은 잘못 짚은 것이며, 사회가 응석을 받아 주고 있기 때문이라고 논리를 전개한다.

범죄, 아동 학대, 자살, 그리고 생활보호 수급자 모두에 대해서, 이와 같은 억지 논리로 자기 책임론을 전개하는 것이 가능하며, 실제로 전개되고 있다.

그렇다면 왜 오쿠타니의 발언만이 비난을 받은 것일까? 이유는 노동자가 '쉴 수 있다' 는 선택 사항을 취하는 것이 간단치 않은데도 누구나 언제라도 쉴 수 있는 것과 같이 그럴듯하게 꾸며 대어 과로사의 책임을 피고용자에게 떠넘겼기 때문이다. 또한 사용자의 자기 책임을 보류하고 있다는 것을 사람들이 눈치챘기 때문이며, '쉽게 쉴 수 없다' 는 것을 많은 피고용자가 스스로의 경험을 통해 알고 있었기 때문이다.

즉, 모든 자기 책임론의 전제인 ①과 ②, "다른 선택 사항이 있어, 그것을 선택할 수 있었을 터인데 굳이 선택하지 않았다"는 것이, 이 경우에는 성립하지 않는다는 것을 많은 사람들이 알고 있었기 때문에 사람들은 자기 책임을 전개한 오쿠타니에 대해서 "심하다"라고 느꼈던 것이다.

실은 빈곤 상태에까지 몰린 사람에게 자기 책임론을 전개하는 것은 오쿠타니가 '과로사' 한 사람에게 자기 책임을 떠맡기는 것

과 같다. 왜냐하면 빈곤이라는 것은 선택 사항을 빼앗겨서 자유
로운 선택을 할 수 없는 상태이기 때문이다.


### 센의 빈곤론

노벨 경제학상을 수상한 아마티아 센Amartya Sen이라는 학자가
있다. 그는 새로운 빈곤론을 펼친 것으로 알려져 있다. 그의 빈
곤론은 선택할 수 있는 자유의 문제와 깊이 관련이 있다.

센은 "빈곤을 단순한 저소득보다는 기본적인 잠재 능력을 빼
앗긴 상태로 보아야 한다"고 주장한다(《자유와 경제 개발》, 이시쓰
카 마사히코石塚雅彦 옮김, 일본경제신문사, 2000년. 한국에서 출간된 번
역서는《자유로서의 발전》, 박우희 옮김, 세종연구원, 2001년). 그것은
"저소득 외에도 잠재 능력에 ─ 그러니까 진정한 빈곤에 ─ 영향을
주는 것이 있기 때문이다(소득은 잠재 능력을 만들어 내는 유일한
수단이 아니다.)."(위의 책) 또한 "빈곤이라는 것은 받아들이는 것
이 가능한 최저한의 수준에 이르는 데 필요한 기본적인 잠재 능
력이 결여된 상태로 보아야 한다"(《불평등의 재검토 ─ 잠재 능력과
자유》, 이케모토 유키오池本幸生 외 옮김, 이와나미서점, 1999년. 한국에
서 출간된 번역서는《불평등의 재검토》, 이상호 옮김, 한울, 2008년)고
말한다(이하, 이 두 권의 책에서 인용).

'잠재 능력capability'이라는 것은 센의 독자적 개념이다. 그것
은 "충분히 영양을 섭취하고", "의류나 주거가 만족스러운" 생활

상태(이것을 센은 '기능'이라고 말한다.)에 이르기 위한 개인적, 사회적 자유를 가리킨다.

예를 들어 센은 다음과 같이 말한다.

"신장 장해로 투석이 필요한 사람은 소득은 높을지 모르지만, 그것을 기능으로 변환할 때의 어려움을 고려하면, 이 사람의 경제 수단, 즉 소득은 여전히 부족하다고 할 수 있다. 빈곤을 소득만으로 정의한다면, 소득으로 어떠한 기능을 실현할 수 있는가라는 잠재 능력을 제외하는 것이므로, 소득만으로 보는 것은 충분하지 않다. 빈곤에 빠지지 않기 위한 충분한 소득이란, 개인의 신체적인 특징과 사회 환경에 따라 다른 것이다."

신장 장해로 투석 치료가 필요한 사람 A는 그러한 장해가 없는 사람 B와 같은 생활을 하려면(같은 '기능'을 달성하려면), 그 핸디캡 때문에 B보다도 더 많은 소득을 필요로 한다. 그러므로 A는 B보다 높은 소득을 얻고 있는데도 A쪽이 오히려 부자유스러운 생활을 강요당하는 경우가 있다. 이러한 부자유를 센은 '잠재 능력의 결여'라고 표현한다.

그는 다음과 같이 말한다.

"잠재 능력의 결여는 세계에서 가장 부유한 여러 나라에서도 놀라울 정도로 광범위하게 퍼져 있다. (중략) 그토록 발전한 뉴욕시 할렘에 사는 주민이 40세 이상까지 살 가능성은 방글라데시 남성보다도 낮다. 이것은, 할렘 주민의 소득이 방글라데시 사람 평균 소득보다도 낮기 때문이 아니다. 이 현상은 보건 서비스에 관한 여러 문제, 제대로 갖추어져 있지 않은 의료, 도시 범죄의 만연 등, 할렘에 사는 사람들의 기초적인 잠재 능력에 영향을 주고 있는 여타 요인과 깊이 관련이 있다."

뉴욕 할렘에 사는 주민의 소득이 방글라데시 사람의 평균 소득을 웃돌고 있는 것은 일본 홈리스들의 소득이 아프리카 최빈국의 평균 소득을 웃돌고 있는 것처럼 의심의 여지가 없다. UN이 '절대적 빈곤'이라고 말하는 하루 1달러보다 높은 소득을 얻고 있는 홈리스는 많이 있을 것이다. 그러나 그것이 빈곤하지 않다는 것을 의미하지는 않는다. 왜냐하면 거기에는 생활상의 바람직한 상태(기능)를 달성할 자유(잠재 능력)가 빠져 있기 때문이다.

설령 소득이 더 낮은 사람에 비해 어느 정도 많은 소득을 얻고 있다고 해도 그 소득에 의해 바람직한 상태를 얻을 수 있는 방도(선택의 자유)를 가지고 있지 않다면, 그 사람의 잠재 능력은 박탈당한 상태에 있는 것이다. 의사가 없는 외딴섬에서 아무리 많은 돈을 가지고 있다고 해도 만족스러운 치료를 받는 데 사용할 수 없다면, 그 사람은 바로 치료를 받을 수 있는 환경에 사는 사람들보다도 "만족스러운 치료를 받을 수 있다"는 '기능'에서 멀리 떨어져 있는 것이다. 그것은 돈이 없어서 국민건강보험료를 장기 체납한 결과, 자격이 취소되어 사실상 의료 기회를 박탈당해 버린 사람들과 같다. 의료에 관한 선택 사항을 빼앗기고 있다는 점에서 둘 다 기본적인 잠재 능력을 빼앗긴 상태에 있다고 말할 수 있다. 그것이 '빈곤'이라고 센은 말한다.

'잠재 능력의 결여'(자유롭게 선택할 수 없는 부자유)는 개인적인 요인인 동시에 사회적, 환경적인 요인이기도 하다. 뉴욕 할렘에 간혹 70세나 80세까지 사는 사람이 있다고 해서 "다른 사람들에게 노력이 부족하다"고 말하면서, 평균수명이 짧은 것은 빨리 죽은 사람들의 자기 책임이라고 재단해 버리는 것은 타당하지 않다. 필요한 것은 그 지역이나 개인의 여러 조건을 개선하고, 장수가 가능하도록 환경을 정비하는 것이다.

그러므로 센은 '개발, 발달'이라는 것은 단지 소득을 올리는 것만이 아니라, 바람직한 여러 생활 상태(기능)에 가까워지기 위한 자유도(잠재 능력)를 올리는 것이라고 말한다. "개발, 발달은 사람들이 누리는 다양한 본질적 자유를 증대시키는 과정이다.", "개발, 발달의 목적은 부자유의 주요 원인을 없애는 것이다. 빈곤과 압제 정치, 경제적 기회의 결핍과 제도에서 유래하는 사회적 궁핍, 공적 시설의 결여, 억압적 국가의 불관용 혹은 과잉 행위 등이 그 원인이다."


'다메'란 무엇인가

나는 홈리스 상태에 있는 사람들이나 생활이 궁핍한 상태에 있는 사람들과 상담을 하고, 함께 활동하는 경험 가운데 센의 '잠재 능력'에 상응하는 개념을 '다메'라고 말해 왔다. '다메'라

는 것은 저수지를 가리키는 '다메이케溜(め)池'의 '다메'이다. 큰 저수지를 가지고 있는 지역은 비가 적게 와도 당황하지 않는다. 저수지 물이 전답을 적셔 주어 작물을 기르는 것이 가능하기 때문이다. 반대로 저수지가 작으면 가뭄이 지속되기만 해도 전답이 바싹 말라 심각한 손실을 입는다. 이처럼 '다메'는 밖으로부터의 충격을 흡수해 주는 쿠션(완충재) 역할을 하는 동시에, 에너지를 끌어들이는 모든 힘의 원천이기도 하다.

'다메'의 기능은 다양한 형태로 갖춰져 있다. 돈을 예로 들자면, 충분한 돈(저금)을 갖고 있는 사람은 비록 실직해도 그날부터 먹는 것에 어려움을 느끼지는 않는다. 당분간 모은 돈을 사용해 생활할 수 있고, 동시에 그 돈을 구직 활동비로 사용할 수도 있다. 또한 침착하고 적극적인 태도로 일자리를 찾을 수 있다. 이때 저금은 '다메' 기능을 가지고 있다고 말할 수 있다.

그러나 일부러 추상적인 개념을 사용하는 것은 그것이 금전으로 한정되지 않기 때문이다. 유형, 무형의 다양한 것이 '다메' 기능을 가지고 있다. 의지할 수 있는 가족, 친족, 친구가 있다는 것은 인간관계의 '다메'이다. 자신감이 있고, 무언가를 할 수 있다고 생각하면서 자신을 소중히 생각하는 것 역시 정신적인 '다메' 이다.

언젠가 '다메' 이야기를 하고 있는데, 취재하고 있던 외국 통신사 기자가 "나에게도 '다메'가 있었다"며 말하기 시작했다. 들어 보니 이전 회사에서 정리 해고를 당해 3년간 실업 상태였다고 했다. '자유 기고가'로 일을 하고 있었지만, 수입은 매우 적었다. 그러나 아는 친구가 지금의 회사를 소개해 주어서, 어떻게든 또 이렇게 취재를 할 수 있었다. 자신의 경우 3년간 실직하고도 살 수 있었던 금전적인 '다메'와 일을 소개해 준 친구라고 하는 인 간관계 '다메'가 있었기 때문에 다시 좋아하는 저널리즘 세계에 서 일을 할 수 있었다고 그는 말했다.

또한 어느 때인가 강연을 마치고 잠시 쉬고 있는데, 청강하는 사람 가운데 한 사람이 다가와 "제 형도 큰일입니다"라고 말하기 시작했다. 들어 보니 불법 사채에 손을 대어 가족이 헤어지는 고 통을 당했고, 지금은 어디서 무엇을 하고 있는지도 모른다고 한 다. 사채업자들은 "아들의 잘못을 뒤치다꺼리하는 것은 부모의 역할"이라면서 80세가 되는 어머니를 공격하기 시작했지만, 그 는 자신이 아는 법률가에게 개입해 달라고 부탁해서, 부모에게 까지 피해가 가는 것은 어떻게든 막을 수 있었다고 한다. 이때 어머니에게 법률가를 소개해 줄 수 있는 그와 같은 아들이 있었 다는 것은 중요한 인간관계 '다메'이다.

프리타나 파트타임 아르바이트를 하는 주부가 생활이 불안정 해도 부모나 배우자와 함께 살고 있다면, 당장 생활이 곤란해지 지는 않는다. 부모가 높은 교육비를 내준다면, 대학에도 다닐 수 있다. 이때 본인은 각각의 '다메'를 지니고 있는 것이다.

역으로 말해서 빈곤하다는 것은 이러한 여러 가지의 '다메'가 모두 사라지고, 빼앗긴 상태이다. 금전적인 '다메'를 지니고 있지 않은 사람은 똑같은 실직이라는 문제에 휩쓸렸을 경우에도 그 심각함이 전혀 다르다. 바로 생활이 궁해져, 먹는 것에 어려움을 느끼기 때문에 빨리 직장을 찾지 않으면 안 된다. 직종이나 고용조건을 선택하고 있을 여유가 없다. 궁핍도가 심해지면, 월급을 받는 일을 선택할 것인가, 일당을 받는 일을 선택할 것인가와 같은 선택 사항은 사실상 의미가 없게 된다. 월급을 받는 일을 선택하기 위해서는 최초 월급이 들어오는 1개월 또는 2개월 뒤까지 생활 가능한 '다메'(저금, 혹은 부모 슬하에 살고 있고, 의식주에 어려움을 느끼지 않는 것 등)가 필요하기 때문이다.

3중(고용, 사회보험, 공적부조) 안전망에 의지해 생활이 안정되어 있을 때, 혹은 스스로의 생활은 불안정해도 가족의 안전망에 의지할 수 있을 때 그 사람들에게는 '다메'가 있는 것이다. 반대로 그것들로부터 배제되면, '다메'는 없어지고, 최후의 보루인 자신과 자존심도 잃어버리고 만다. '다메'를 잃는 과정은 다양한 가능성에서 배제되어 선택 사항을 잃어 가는 과정이기도 하다.

2006년에 상담하러 온 47세의 남성은 데키야(축제일이나 번잡한 거리에서 조악한 물건을 파는 장사꾼 - 옮긴이)를 하고 있던 아버지의 사정으로 초등학교와 중학교를 15회 옮겨 다녔다. 그는 중학교를 졸업한 후에 바로 일하기 시작했다. 인상적이었던 것은 중학교 졸업 후 30년 동안 여러 직업에 종사했지만 취직할 때 최우선 조건은 "줄곧 숙식을 할 수 있는 곳이었다"는 점이다. 홀로 사회에 나온 그에게 직종이나 고용조건(시급, 고용보험, 사회보험의 유무, 유급휴가의 유무 등)은 취직자리를 선택할 때 현실적인 조건이 되지 못했다. 학력도, 기술도, 도와주는 가족도, 잘 곳도 먹을 것도 없는, 즉 기본적인 '다메'가 없던 그에게 숙식이 가능한 곳을 찾는 것 이외에 다른 선택의 여지는 없었다. 그러므로 저임금에 승급도 승진도 없는 열악한 조건의 직장을 전전하며 언제까지나 선택이 없는 상태에서 벗어나지 못했다.

격차와 빈곤의 본고장인 미국에서 《워킹푸어》(《워킹푸어 – 미국의 하층사회》, 모리오카 고지森岡孝二 외 옮김, 이와나미서점, 2007년. 한국에서 출간된 번역서는 《워킹푸어, 빈곤의 경계에서 말하다》, 나일동 옮김, 후마니타스, 2009년)를 저술한 데이비드 K. 시플러David K. Shipler는 빈곤 상태에서 살아가는 것은 "헬멧도 패드도 착용하지 않고, 연습도 경험도 없는 상태로 체중 100파운드(약 45킬로그램)의 가냘픈 미식축구 선수가 선수 후방에서 쿼터백을 하려고 하는 것과 같다"고 말한다. 이러한 무방비, 그리고 자신을 보고 달려드는 적진의 곰과 같은 거인들로부터 사실상 도망가는 것 외에는 선택 사항이 없다는 것은 내가 말한 '다메'가 없는 상태와 다르지 않다.


빈곤은 자기 책임이 아니다

이상과 같이 빈곤 상태를 이해하면, 그것이 얼마나 자기 책임론과 양립할 수 없는 것인가를 알 수 있을 것이다. 먼저 오쿠타니의 발언에 나타난 것처럼 자기 책임론이라는 것은 "다른 선택 사항을 동일하게 선택할 수 있었을 것"이라고 하는 전제에서 성립한다. 한편, 빈곤이라는 것은 "다른 선택 사항을 동일하게 선택할 수 없고", 그런 의미에서 "기본적인 잠재 능력을 결여한" 상태(센), 혹은 총합적으로 '다메'를 빼앗긴 상태이다. 따라서 양자는 양립할 수 없다.

빈곤 상태에 있는 사람들에게 자기 책임을 억지로 떠맡기는 것은, 저수지가 없는 지역에서 가뭄이 계속되는데, 훌륭하게 작물을 길러 보라고 요구하는 것과 같은 것이다. 그것은 매일 격무로 완전히 지쳐 버린 상태에 있다가 마침내 과로사한 사람에게 프로 권투 선수 수준의 건강관리를 하라고 요구했던 오쿠타니의 말과 다르지 않다.

건전한 사회는 자기 책임론의 적용 영역에 대해 선을 그을 수 있는 사회일 것이다. 여기까지는 자기 책임일지도 모르지만, 여기부터는 자기 책임이 아니라고 정확히 판단할 수 있어야 건전한 사회인 것이다. 늦잠 자서 회사에 지각한 것은 자기 책임론으로 정리할 수 있을지 모르지만, 아이가 밤에 갑자기 열이 나, 아침까지 응급실에 붙어 있었다고 한다면 같은 지각이라도 사정은 다른 것이다. 그런 의미에서 오쿠타니의 발언에 반발했던 것은 일본 사회의 건전함을 나타내는 것이라고 생각한다.

또한 여기에는 많은 사람들이 피고용자로 일하고 있는 사회에서, 자신의 경험에 비추어 봤을 때 "심하다"라고 판단할 수 있던 측면이 있다. 빈곤 문제에 대해 자기 책임론을 적용하는 것은 동일한 것을 뒤집는 것이다. 많은 사람들은 자신의 경험에 비추어 본 후 짐작이 가지 않을 때는 이를 자기 책임일 것이라고 쉽게 단정해 버린다. 그래서 나는 먼저 자기 책임론의 남용을 막는 조건으로 "기본적인 전제를 결여하고 있다"는 것과 함께 "(그것을) 많은 사람들이 알고 있다"는 점을 들추어냈다. 사실 "자기 책임론이 전제를 결여하고 있다"는 사실만으로는 부족하다. 그것이 많은 사람들에게 알려지기 시작해야 자기 책임론의 남용을 방지하는 사회적인 힘이 된다.

이를 위해서는 빈곤의 배경과 실태를 많은 사람들에게 알려야 할 필요가 있다. 공적 안전망의 기능이 불완전한 모습, 5중의 배제라는 배경, '다메'가 없는 상태 등을 널리 알리기 시작해야 빈곤에는 자기 책임만으로는 정리할 수 없는 다양한 요인이 있다는 것을 사회적으로 공유할 수 있다.

## 3. 보이지 않는 '다메'를 본다

### 보이지 않는 빈곤

빈곤의 실태를 사회적으로 공유하는 것은 빈곤 문제에서 가장 어려운 부분이다. 문제나 실태를 파악하기 어렵다는 것, 즉 "보이지 않는다"는 것이야말로 빈곤의 최대 특징이기 때문이다.

빈곤 문제 연구자인 이와타 마사미岩田正美는 이렇게 말했다. "빈곤의 '재발견'을 치밀하게 했는지, 깨끗이 잊어버렸는지는 사회 전체의 '풍요로움'과는 사실 관계가 없다. 치밀하게 했는지 아니면 잊어버렸는지의 차이는 '풍요로움' 속에 잠재된 빈곤을 재발견하려는 '눈'과 '목소리'가 사회에 있었는가에 달려 있다." (《현대의 빈곤 – 워킹푸어, 홈리스, 생활보호》, 지쿠마신서, 2007년)

마찬가지로 빈곤 문제 연구자인 아오키 오사무青木紀도 제목 그 자체를 《현대 일본의 '보이지 않는' 빈곤 – 생활보호 수급 모자 세대의 현실》(편저, 아카시서점, 2003년)로 명명한 책의 서두에서 "빈곤을 개인과 가족의 노력으로 극복할 수 있는 것이라는 신화 는 여전히 뿌리가 깊어, 이것이 사회문제로 여겨지고 있다고 말 하기가 쉽지 않다"고 했다. 그는 문제가 바람직한 형태로 다루어 지지 않는 것에 대해 "보이지 않는다"라는 주제어로 언급하고 있다.

일본만 그런 것은 아니다. 앞서 언급한 시플러가 쓴 《워킹푸 어》의 부제는 원어에서는 문자 그대로 '미국의 보이지 않는 사람 들'이었다. 워킹푸어의 저임금 노동을 체험한 여성 저널리스트 바버라 에런라이히Barbara Ehrenreich가 쓴 《니켈과 다임드 – 미국 하류사회의 현실》(소다 가즈코曾田和子 옮김, 도요게이자이신보, 2006 년. 한국에서 출간된 번역서는 《빈곤의 경제》, 홍윤주 옮김, 청림출판, 2002년)도 그 '보이지 않음'을 다음과 같이 강조한다.

"부유한 사람과 가난한 사람이 극단적으로 갈라진 불평등한 우리 사회는 아주 희한한 안경을 만들었는데, 경제적으로 상위에 있는 사람의 눈에는 가난한 사람들의 모습이 거의 비치지 않는다. 빈곤층은 부유층을, 예를 들어 텔레비전이라든지 잡지의 표지에서 간단하게 볼 수 있는데 반해 부유층은 빈곤층을 보기가 쉽지 않다. 비록 어딘가 공공장소에서 보았다고 해도 자신이 무엇을 보고 있는지 자각하지도 못한다."

'보이지 않음'이란 문자 그대로 모습이나 얼굴이 사라져 버린다는 의미이기도 하다. 영화 〈빵과 장미〉(켄 로치 감독Kenneth Loach, 2000년)에서는 빌딩 청소부로 일하기 시작한 주인공 마야가 동료인 루벤에게 엘리베이터 문을 청소하는 방법을 배우는 장면이 있는데, 그때 고급 오피스 빌딩에서 일하는 엘리트들이 대화를 계속하면서 주저앉아 있는 그들의 머리 위로 지나간다. 루벤은 빌딩 청소부의 '제복 효과'는 '투명 인간이 되는' 것이라고 자조한다.

에렌라이히처럼 체험 취재를 한 영국의 여성 저널리스트 폴리 토인비Polly Toynbee도 이와 똑같은 경험을 했다. "화이트홀 거리(관청가 - 글쓴이)에서는 유모차를 밀며 걷는 여자 등은 별천지의 사람으로 주민에 포함되지 않는다. 동료와 함께 유모차를 미는 중년의 보육 도우미는 완벽한 투명 인간이었다."(《하드 워크 - 저임금을 받고 일한다는 것》, 무쿠다 나오코檜田直子 옮김, 도쿄게이자이신문사, 1989년. 한국에서 출간된 번역서는 《거세된 희망》, 이창신 옮김,

개마고원, 2004년)

단순히 안 보이는 것만이 아니다. 빈곤은 적극적으로 숨겨져 있기도 하다. 올림픽이나 정상회담 등의 국제 행사는 반드시 그 지역의 노숙자 배제를 수반한다. 학교 급식비, 보육비, 의료비를 지불할 수 없는 사람들이 있으면, 대개는 그들이 지불하려고 하지 않는 면을 강조하면서 배후에 있는 빈곤 문제는 보려 하지 않는다.

모습이 보이지 않는다. 실태가 보이지 않는다. 그리고 문제가 보이지 않는다. 그런 것이 자기 책임론을 허락하며, 그런 까닭에 더욱더 사회에서는 빈곤을 보기 어려워지며, 그것은 이후 자기 책임론을 더욱 유발시킨다. 빈곤 문제를 해결하기 위한 첫걸음은 빈곤의 모습, 실태, 문제를 가시화하고, 이 악순환을 끊는 것 외에는 다른 방법이 없다. 나는 이를 위해 이 책을 썼다.

"지금 이대로가 좋아요"

빈곤을 가시화한다는 것은 동시에 눈에 보이지 않는 그 사람의 처지나 조건을 보기 위해 노력한다는 것을 의미한다.

"옛날에는 모두가 가난했다. 그래도 참고 노력했다.", "세상은 혹독하다. 응석부리지 마라.", "나도 고생스럽다. 너만 그런 것이 아니다." 이러한 말들은 일상적으로 들을 수 있다. 그런 경우 사람들은 대개 아무리 객관적인 상황이 어렵다고 해도 본인의 마음가짐과 노력에 따라 길은 열리며, 인내할 수 있다는 신화를 반복하고 있다. 그것은 대부분의 경우, 자신이 노력한 것을 인정받고 싶다는 사회적 승인 욕구에 뿌리를 두고 있지만, 솔직히 그것을 표현할 수 없는 사람들은 종종 그것을 다른 사람에 대한 질책으로 나타낸다.

인정상 어쩔 수 없는 면도 있다. 대학 입시에 합격한 사람이 "그것이 가능했던 것은 비싼 교육비를 내주신 부모가 있었기 때문"이라고 쉽게 생각하지 않는다. 그는 "스스로가 노력해서 수험 공부를 참아 냈기 때문"이라고 생각하고 싶어 한다. 예전에는 가난했지만 현재는 성공한 사람들도 "그것이 가능했던 것은 가족과 지역, 친구의 유형무형의 도움이 있었기 때문"이라고 생각하기보다는 "가난해도 꾸준히 노력하면 반드시 좋은 일이 있다"고 생각하려 한다. 그것은 자연스러운 것이다.

곤란한 것은 다른 사람을 공격하는 칼이 될 때, 즉 자신과는 조건이 다른 사람에게 무리하게 적용할 때이다. "나도 열심히 살았어. 너도 분발해!"라는 말에는 많은 경우 자신이 상정하는 범위에서의 '객관적 상황의 큰일'이나 '분발'에 한정되어 있다. 그때 자칫하면 자신과 타인의 '다메' 크기에 차이가 있다는 것이 간과된다. 그것은 때로 억압과 폭력으로 나타난다.

앞서 말했던, 7년간 넷카페에서 산 34세 남성이 상담하러 온 것은 2007년 4월이었다. 그는 스스로 상담을 하러 온 것이 아니라 타인에게 이끌려 왔다. 처음 30분, 그는 좀처럼 상담에 응하지 않았다. 여러 차례 "지금 이대로가 좋아요"라는 말만 되풀이했다. 소개한 사람이 끈질기게 권유했기 때문에 온 것으로 본인은 그다지 상담을 받고 싶어 하지도 않았다. 그는 자신은 지금 이대로 좋고, 무엇인가 도움을 받고 싶은 마음도 없다고 했다.

그는 고등학교를 중퇴하고 일용 파견 회사에 근무했다. 상담하러 오기 조금 전까지는 월수입 12만 엔 정도 벌었지만, 등록한 일용 파견 회사가 이벤트 전문 자회사를 설립한 후, 그곳으로 이직을 시키는 바람에 월수입이 8만 엔까지 줄었다. 매일 넷카페에 머물 수는 없어서, 주에 이삼일은 밤새도록 걸어 전차 첫차를 타고 종점까지 이삼 회 왕복하면서 잠을 잤다. 그런 생활 속에서 그는 몸도 피곤하고 하루 종일 머리도 멍한 상태였을 것이다. 그도 부모에게 의지할 수가 없었다. 그는 모자 가정에서 성장했지만, 고등학교 1학년 때 어머니가 집을 나가 돌아오지 않았다. 생활보호 상담을 하러 간다는 선택 사항도 데리고 온 사람에게 듣기까지는 생각해 본 적이 없었다. 지금까지의 인생에서 어느 누구도 그런 선택 사항이 있다는 것을 가르쳐 주지 않았다.

자신의 인생을 생각해 보면 누군가가 어떻게든 해 줄 것이라는 생각은 할 수 없었을 것이다. 그런 세상이었다면 왜 지금까지 자신에게는 그것이 찾아오지 않았던 것인지 설명할 수 없기 때문이다. 결국 누구도 아무것도 해 주지 않는 세상이라고, 그는 결론짓고 있는 것 같았다. 그 결과가 "지금 이대로가 좋아요"라는 말이었다. 전형적인 자기 자신에게서의 배제였다.

34세 건강한 남성이 넷카페에서 생활하면서 "지금 이대로가 좋아요"라고 말하고 있다. 이것은 자주 사람들의 반발을 산다. "현재 상태에 만족하고 있다.", "향상심이 없다.", "패기가 없다.", "근성이 없다." 이런 주제라면 사람들은 얼마든지 수다를 떨 수 있을 것이다. 확실히 자기 책임론이 다른 무엇보다도 만연해 있음을 보여 주는 장면이다.

### 보이지 않는 '다메'를 본다

그러나 "그럼, 마음대로 해 봐!"라고 그를 내버려 둔다면 상황은 전혀 변하지 않는다. 자기 책임은 과거를 물을 뿐인 소극적인 (퇴행적인) 핑계이다. 그 사람의 현재와 미래에 관련해서 미래의 전망을 제시하는 것이 아니다. 그가 이대로 지금의 생활을 지속해서 40, 50세가 되었을 때 심신이 피폐해지고, 사고나 병으로 이후 일생 동안 생활보호를 받거나, 아니면 죄를 범하거나 세상을 비관해 자살하는 것과 같은 결과가 초래되었다고 한다면 그것은 누구에게도 행복하거나 만족스러운 일이 아니다.

그에게 "이대로 계속 지금 같은 생활을 할 작정이냐"고 물어보았다. 그러자 그는 "싫다"고 답했다. 좀 더 안정된 일을 찾고 싶다고 했다. 그렇다면 밤새도록 걸어 전차 첫차에서 겨우 잠을 자고 있는 지금 당신에게, 공공직업안정소를 통해 면접을 보면 척척 시원스럽게 대답할 체력이 남아 있냐고 묻자 그는 잠시 생각하더니 "없다"고 대답했다. 거기서부터 그의 마음은 변하기 시작했고, 5월에는 동행해 생활보호를 신청하게 했다. 이후 아파트에 입주할 수 있었다.

2개월 후 그에게서 연락이 왔다. 경비 일을 찾았지만 신원보증인이 없기 때문에 보증인이 되어 주지 않겠느냐는 것이었다. "지금 이대로가 좋아요"라고 말하던 그가 편히 잠잘 수 있는 환경과 최저 생활을 확보하자, 이처럼 '긍정적'으로 바뀐 것이다(급격한 변화로, 나는 그가 반대로 다시 돌아가지 않을까 걱정하고 있었다). 이 사건은 하나의 확실한 사실을 사회에 제시해 준다. 그것은 "노력하기 위해서는 조건('다메')이 필요하다"는 극히 단순한 사실이다.

모든 사람이 똑같이 '노력할 수 있는' 것은 아니다. '노력하기' 위해서는 그것을 가능케 하는 조건이 필요하다. "지금 이대로가 좋아요"라는 말이 현재 상황에 대한 충족감을 표현하고 있는 것인가, 그렇지 않으면 체념, 거절, 불신감에 근거를 둔 것인가를 알기 위해서는 그 사람의 '다메'를 보면서 그 말의 본질을 끝까지 살펴보아야 한다. 후자의 경우 그 말은 무엇보다도 '다메'를 회복하기 위한 조건이 정비될 것을 요구하고 있는 것이다. 그때 '다메'를 늘리지 않고, 단지 실행되지도 않을 그럴듯한 주장으로 "힘내! 누구나 그렇게 살아왔어. 누구나 힘들어!"라고 주장한다면 상황은 호전되지 않는다.

이미 언급한 범죄와 아동 학대 또는 여러 차례 "빌리는 것은 나쁘다"라는 다중 채무 문제도 기본적으로는 이와 동일하다. "빚 때문에 어떻게 해 볼 도리가 없다"라는 말을 들으면 누구나가 "뭐 하고 있어!"라고 자기 책임론을 발동시킨다. 그러나 일본변호사연합회의 파산 사건 기록 조사(2005년)가 밝히고 있는 것처럼 파산으로 귀결되어 버렸던 차입의 최대 요인은 '생활고, 저소득'이며(24.47퍼센트), 금전적인 '다메'가 없다는 것이 그 배경이었다(월수입 분포에서는 5만 엔 미만이 33퍼센트, 20만 엔 미만이 79퍼센트에 달했다). 돈을 빌리지 않더라도 생활이 이루어진다면 누구도 샐러리맨 금융 같은 곳에 손을 대지 않는다.

빈곤 상태는 다양한 방식으로 바람직하지 못한 결과를 가져온다. 많은 사람들과 마찬가지로 본인들도 할 수만 있다면 그러한 선택은 피하고 싶어 한다. 그러나 그것을 가능케 하는 조건('다메')이 없기 때문에(저축도 없고, 은행도 대출해 주지 않고, 돈을 빌릴 수 있는 가족과 친구도 없다.) 불리한 것을 알면서도 다른 것을 선택할 수밖에 없는 것이다. 거기에 선택 사항을 빼앗겨 버린, 즉 '다메'가 없는 상태가 있는 것이다.


'다메'를 보려고 하지 않는 사람들

특히 여러 가지 정책 입안을 실시하는 의원과 행정, 거기에 넓은 의미에서의 원조를 하는 직업에 속하는 사람들(학교 교직원, 사회복지 활동 전문가caseworker, 사회사업가social worker, 요양 보호사

care manager)에게는 '다메'를 보는 노력이 더욱 요구된다.

교실에 줄 선 아이들은 각각의 가정 사정을 짊어진 채 학교에 온다. 한 사람, 한 사람의 '다메' 크기는 모두 다르다. 그 차이를 무시하고, "모두 좋은 성적을 받아, 좋은 대학에 들어가 취직할 수 있도록 힘내세요"라고 한들 같은 효과를 기대할 수는 없다.

2007년 5월에 31세 남성이 생활보호 신청을 하는 데 동행했다. 복지사무소 직원은 "제게도 당신과 비슷한 또래의 아이가 있습니다만 우리 아이는 일하고 있어요"라고 말했다. 그 직원은 '우리 아이'와 생활보호 신청을 하지 않으면 안 될 정도로 궁지에 몰려 있는 그 남자의 '다메' 차이를 전혀 보지 못했으며, 보려고 하지도 않았다. "31세 남성이라면 당연히 일해야 하고, 일할 수 있을 것"이라는, 현실적인 여러 요건을 무시한 거짓 평등론이 현재 일할 수 없는 사람들을 더욱더 정신적인 궁지에 몰아넣고, 일할 수 있는 상태에서 점점 멀어지게 만든다.

일본 정부의 '재도전' 정책도 기본적으로는 동일한 발상이다. '재도전' 정책은 아베 정권에서, 청년층과 모자 가정 등 불리한 조건에 있는 사람들의 기회 평등을 확보하기 위한 것이라며 호들갑을 떨며 시작되었다. 2006년 12월 26일에 발표된 정부의 '재도전 지원 총합 계획'은 500항목 이상의 재도전 정책을 열거했으며, 예산은 1,720억 엔(2007년도)에 달했다. 하지만 그 첫 항목에는 "달성해야 될 것 자체를 직접 부여하려는 시책도 생각할 수 있지만, 이를 재도전 지원책으로 평가하지는 않는다"고 밝히고 있다. 직접 지급에 의한 생활 보장은 하지 않는다는 선언이다. 생활 보장 없이 재도전 지원을 이용할 수 없는 사람들을 염두에 두고 있지 않은 것이다.

그 경우 어떠한 일이 일어날지는 아동 부양 수당 삭감, 생활보호의 모자 가산 폐지의 '보상'으로 만들어진 여러 제도의 실적이 이야기하고 있다. 2007년 10월 22일, 아사히신문은 '취업 지원, 현실과 동떨어졌다'는 제목의 기사를 게재했다. 모자 가정에 대한 취업 지원을 하는 사업인 '상용 고용 전환 장려금(상용 고용을 전제로 싱글맘을 고용한 기업에 한 사람당 장려금 30만 엔을 주는 제도)'의 실시 상황은 도쿄, 오사카, 사이타마, 지바, 가모가와 등 많은 자치단체에서 0퍼센트였다. 이 제도를 이용해서 정규직이 된 경우는 4년간 겨우 92명이었다고 한다.

만약 기업에 대한 장려금을 아무리 준비해도 실제로 그것을 이용하는 사람들의 여러 조건('다메')을 정비하지 않는다면 이용하는 사람은 나오지 않는다. 그 사람들에게도 생활이 있기 때문이다. 2007년 말 어느 텔레비전 방송을 녹화하고 있을 때, 탤런트인 커닝 다케야마カンニング竹山가 자민당의 재도전 정책을 비판하면서 "결국 스스로 하라는 것이네요"라고 말했는데, 그의 논평이야말로 재도전 정책의 본질을 정확히 말하고 있는 것이다.

결과적으로 여러 원조 센터를 설치하고, 직원을 배치하는 데 돈을 써 버리고 말았다. 오카와코교 사장인 오카와 유타카大川豊는 고용보험의 유용금 문제에 관련해서 세분화된 여러 시책은

109

결국 공무원의 낙하산 인사처 확보를 위한 것에 지나지 않는다고 말했는데(호사카 노부토保坂展人, 오카와 유타카, 이와세 다쓰야岩瀬達哉, 《관의 연금술 - 실업보험 1조 엔은 어디로 사라져 버렸는가》, WAVE출판, 2005년), 고바야시 미키小林美希는 동일한 현상이 재도전 정책에서도 일어나고 있다고 말했다. 프리타의 취업 지원 대책으로 설치되었던, 청년들을 위한 공공직업안정소인 '잡 카페 Job cafe' 운영의 재위탁을 받은 리크루트가 일당 12만 엔이라는 인건비(프로젝트 매니저, 사무직 직원에게도 5만 엔)를 계산해서 정부로부터 받고 있었던 것이다(고바야시 미키, 〈일당 12만 엔의 '이상한' 위탁비 - 잡 카페 내부 문서 입수, '고액 인건비의 음모(계략)', 아사히신문사, 《AERA》, 2007년 12월 3일).

'다메'가 없는 사람들을 악의적으로 이용하여 정부와 기업이 제 뱃속을 채우고 있던 것이다. 국가를 포함해 모두가 빈곤자를 먹잇감으로 삼는 '빈곤 비즈니스'(5장 참조)에 손을 물들이고 있다고 해도 과언이 아니다(미국이 이미 그러한 상태에 있다는 것은, 쓰쓰미 미카堤未果, 《르포 빈곤 대국 아메리카》, 이와나미신서, 2008년. 한국에서 출간된 번역서는 고정아 옮김, 문학수첩리틀북스, 2008년).

## 4. 빈곤 문제를 출발선에

일본에 절대적 빈곤은 있는가

고이즈미 전 총리와 이인삼각으로 구조 개혁 노선을 추진해 온 다케나카 헤이조竹中平蔵는 총무 장관 당시에 다음과 같이 발언했다.

"격차가 아니라, 빈곤 논의를 해야 합니다. 빈곤이 일정 정도를 넘어서면 정책으로 대응해야 합니다. 그러나 일본은 아직 사회적으로 해결해야 할 정도로 빈곤이 심각하지는 않다고 생각합니다."(아사히신문 2006년 6월 16일 자)

결국 이런 주장이다.

"격차는 인정하지만, 말할 만큼 심각하지는 않습니다. 무릇 격차가 없는 사회는 있을 수 없고, 활력 있는 사회를 위해서는 일정 정도의 격차는 필요합니다. 살아갈 수 없는 상태에까지 떨어졌다면, 생활보호 등 안전망이 정확하게 책임을 져야 합니다. 그러나 일본은 여전히 풍요로우며 이러한 빈곤이 큰 문제라고는 말할 수 없습니다."

2007년 2월 13일, 당시 아베 총리도 민주당 간 나오토菅直人 대표 대행의 질문에 대해서 "생활필수품이 조달되지 않는 절대적 빈곤율은 선진국 중에서도 가장 낮은 수준"이라고 답했다(도쿄신문 2007년 2월 13일 자).

정부가 이와 같이 자신만만한 태도를 취하는 근거는 2006년 7

월에 발표되었던 내각부의 〈헤이세이 18년 차 경제 재정 보고〉(이하 〈보고〉)이다. 〈보고〉는 "빈곤도를 절대적 빈곤이라는 척도로 다른 국가와 비교해 보니 일본이 심각한 빈곤 상황에 있다는 결론을 도출하기는 어렵다"고 서술하고 있다. 2006년 7월에 OECD가 발표해 주목을 받았던 상대적 빈곤율은 어디까지나 풍요로운 사회에서의 격차 문제이며, 먹고 싶어도 먹을 수 없는 절대적 빈곤은 일본에서는 '큰 문제'가 아니라는 주장이다.

그러나 이러한 판단은 실제 어떠한 일본 내 조사에도 기초를 두고 있지 않다. 〈보고〉가 근거로 삼고 있는 것은 유일하게 2002년 미국 민간단체의 조사였다(퓨 리서치센터의 국제 태도 조사 계획, 〈2002년에 세계는 무엇을 생각하고 있는가 The Pew Global Attitudes Project, What the World Thinks in 2002〉). 이 조사는 세계 44개국 사람들을 대상으로 직접 대면 또는 전화로 "과거 수년간 생활필수품(식료품, 의료, 의복 등) 때문에 고통을 당한 적이 있었는지"를 질문한 것이다. 일본에서는 임의로 추출한 700명에게 전화를 했고, 그중에 "있다"고 대답한 사람은 조사 대상국 중 가장 낮았다(9퍼센트). 그것이 〈보고〉의 근거였고, 총리 답변의 근거였다.

해외 민간단체가 겨우 700명에게서 전화로 주관적인 회답을 들었던 조사가 "일본의 절대적 빈곤은 큰 문제가 아니다"라는 유일한 판단 근거가 되는 것은 지나치게 허술해 보인다.

빈곤을 인정하고 싶지 않은 정부

예를 들어 미국 정부는 2005년에 기준액(4인 가족에 약 1만 9,900달러, 약 230만 엔, 독신자에 약 9,900달러, 약 115만 엔) 이하의 수입으로 살고 있는 빈곤층이 인구 비율 12.6퍼센트, 즉 3,695만 명이라고 보고하고 있는데(도쿄신문 2006년 8월 31일 자), 이것은 여러 빈곤 대책의 지표(표준)가 되고 있다.

독일 연방통계청은 인구 13퍼센트에 해당하는 1,030만 명이 '빈곤 위기'에 노출되어 있다고 발표했다(노동정책연구, 연수 기구 메일 매거진, 2006년 12월 8일). 또한 스위스 연방통계국의 발표에 따르면, 2006년에 스위스에 사는 20세에서 59세의 연령 가운데 9퍼센트에 해당하는 38만 명(전체 인구는 약 740만 명)이 빈곤선 (편부모 가정에서 월 2,200프랑, 약 21만 엔. 4인 가족 세대에 4,650프랑, 약 45만 엔)을 밑도는 생활을 하고 있다고 한다. 워킹푸어로 불리는 '노동 빈곤층'(주당 노동 시간이 35시간 이상)은 2000년 5 퍼센트에서 2006년에는 4.5퍼센트까지 감소했다(스위스 인포 외신, 2008년 2월 13일 자).

게다가 영국의 포착률은 약 90퍼센트이고, 한국 정부는 일본의 생활보호에 해당하는 국민기초생활보호법에서 누락된 '비수급 빈곤층'을 190만 명으로 추산하고 있다(아사히신문 2006년 10월 27일 자).

이에 비해 일본에서는 수입이 어느 정도 이하 수준이면 빈곤으로 간주한다는 빈곤 지표(빈곤선)가 존재하지 않는다. 따라서 헌법에 의거해 생존권을 보장하고 있는 생활보호법이 정한 기준(생활보호 기준)을 국가의 최저 라인을 긋는 최저생활비로 사용하고 있다. 결국 생활보호 기준은 생활보호 수급자가 매월 수령하는 금액인 동시에 국가 전체의 최저생활비이기도 하다. 따라서 일본에서 절대적 빈곤이란 것은 생활보호 기준을 밑도는 상태에서 생활하는 것을 가리킨다.

그런데 이미 언급한 것처럼 일본 정부는 포착률을 조사하고 있지 않으므로 어느 정도의 사람이 최저생활비 이하의 빈곤 상태에 있는지에 관한 공식적인 수치는 없다.

2007년 11월 6일, 후쿠다 정부는 포착률 조사를 실시해야 할 때가 아닌가를 묻는 민주당 야마노이 가즈노리山井和則 의원 질의서에 다음과 같이 대답했다.

"후생노동성이 진정 보호가 필요한 사람에 대해 적절한 보호조치를 실시해야 하는 것은 중요하다고 생각한다. 하지만 생활보호법상 원칙은 본인 등의 신청에 근거해 생활보호를 실시하는 것으로 되어 있고, 실제로 본인의 신청이 없으면 생활보호 수급요건을 만족하는지 안 하는지를 확인하는 것이 곤란하기 때문에, 지적한 조사를 실시하는 것은 어렵다고 생각한다."(내각 중질 168, 제165호)

생활보호는 신청주의이므로, 신청이 없으면 누가 생활이 궁핍한지 알 수 없다. 그래서 포착률도 조사할 방법이 없다는 답변이다. 또한 후생노동성은 다음과 같이 말하기도 했다. "실제로 보호를 받을 수 있는지 없는지는 일할 능력이나 가족의 부양 유무 등 여러 조건과 관계가 있으므로 조사를 해도 의미가 없다."(앞서 인용한 아사히신문)

확실히, 생활보호를 실제로 받을 수 있는지 없는지는 친족의 부양 여부 등에 따라 변하므로 소득과 자산만으로는 산출할 수 없다. 그러나 그것은 수급 조건에 관한 문제이다. 앞서 언급한 것처럼 생활보호 기준이 최저생활비로서 기능하고 있다는 것을 생각하면 그 사람 본인이 생활보호를 받고 싶은지 아닌지, 아니면 실제로 부양을 해 주는 사람이 있는지 없는지는 별개의 문제다. 생활보호 기준 이하의 상태에서 살고 있다고 추정되는 빈곤층 수를 산출하는 것은 의미가 있고, 가능한 일이다.(실제 일본 정부는 1965년까지는 빈곤 상태에 있는 저소비 수준의 세대 조사를 실시하고 있었다.) 또한 그렇게 하지 않으면 "큰 문제가 될 만한 빈곤은 없다"고 자신만만한 태도를 취하는 정부의 말은 설득력이 부족해 보인다.

그런데 2007년 10월 19일, 후생노동성은 마침내 일반 세대의 소비 실태(생활부조 지출 상당액)와 생활보호 세대의 생활보호 기준을 비교하는 상세한 분석을 공표했다('생활부조 기준에 관한 검토회' 제1회 자료). 이에 따르면 소득이 낮은 6~8퍼센트의 사람들은 생활보호 세대보다도 가난하게 살고 있었다. 이것은 〈헤이세이 16년 전국 소비 실태 조사〉의 개표個票에 기초해 한 건마다 세대 수입을 생활보호 기준에 적용했고, 고령 세대에 대해서는 가지고 있는 자산도 포함시키는 등 상당한 노력을 들인 상세하고 치밀한 분석이었다. "곤란하다", "의미가 없다"고 한 정부가 실은 기초 정보와 능력이 있었다는 것을 보여 주었다(이 '검토회'에 대한 상세한 내용은 5장 4절 참조).

그렇지만 그 분석 결과는 빈곤층의 대강 어림셈이나 포착률 추계, 저소득자 대책을 위한 기초 정보 등 빈곤 문제의 해소 방향으로 활용되지 않았다. 오히려 "생활보호를 받지 못하는 가난한 사람들이 이만큼 있으니까"라면서 생활보호 기준(최저생활비)을 인하하는 데 근거 자료로 '활용'되었다.

빈곤의 규모, 정도, 실태를 명확히 할 것을 계속 거절한 끝에 나온 자료가 빈곤 문제를 공식적으로 인정하는 자료가 되기는커녕, 최저생활비 인하, 국민 생활 '저하'를 위한 자료로 사용된 것이다. 이는 2007년 일본 정부가 빈곤 문제에 대해 어떤 자세를 취하고 있는지를 여실히 보여 준 것으로 사람들의 기억에 깊이 새겨질 만하다.


빈곤 문제를 출발선에

왜 일본 정부는 빈곤 문제에 대처하려고 하지 않을까? 일본 사회가 안고 있는 빈곤의 확산 문제를 인정하지 않으면 빈곤이 생겨나는 사회구조는 그대로 방치되며 빈곤은 더욱더 확대될 것이다. 생활고에 의한 범죄, 아동 학대를 포함한 가정 내의 폭력, 그리고 자살은 줄어들지 않을 것이고, 사회의 활력은 점점 사라져 저출산 고령화 현상이 크게 확산될 것이다. 즉시 대규모 실태 조사를 실행한 후, 그 결과를 근거로 대책을 세워야 한다.

그러나 틀림없이 일본 정부는 바로 그런 이유로 빈곤을 마주하고 싶어 하지 않는다. 빈곤 실태를 알게 되면 이를 그대로 방치할 수 없다. 왜냐하면 빈곤이라는 것은 "있어서는 안 되는" 것이기 때문이다. 최저생활비 이하로 사는 사람이 광범위하게 존재하는 것, 그것은 한마디로 말하면 헌법 위반이다. 국가에는 당연히 그 위헌 상태를 해소해야 할 의무가 있다. 빈곤에 대처해서 문제를 해결하는 것이 정치의 중요한 목적 가운데 하나라는 것은 세계의 상식이기도 하다. 그러나 그것은 일본 정부의 '작은 정부' 노선에 근본적인 수정을 강요할 것이다.

정부는 지금까지 다음과 같이 말해 왔다. "저출산 고령화가 진행되고, 재정이 어려워지고 있기 때문에 '약자'의 처지에 있는 모든 사람들에게 진수성찬을 베풀 수 없다. 따라서 심심치 않게 발견되는 가짜 약자(부정 수급 등)를 적발하는 것과 동시에 '자립'(가동 수입으로 누구에게도 의지하지 않고 살아가는 것)할 수 있는 사람들에게는 좀 더 노력하라고 요구할 필요가 있고(프리타, 니트족, 모자 가정, 장애인, 홈리스 등에 대한 자립 지원 제 정책), 아직 여력이 있는 고령자 등은 그 나름대로 부담을 지워야 한다(후기고령자의료제도, 통칭 '장수 의료 제도'의 도입, 소비 세율 인상 등)."

그러나 그것이 헌법 위반이라고 한다면, 앞서 언급한 것과 같은 말은 할 수 없게 된다. 헌법 위반은, 부족한 것은 본인들의 자조 노력이 아닌 정부의 자조 노력이라는 사실을 명확히 하는 것이다. 잘되지 않는 것은 본인의 자조 노력이 부족한 증거라고 말해 온 것이 그대로 정부에도 해당한다. "돈이 없어 할 수 없습니다"라는 변명은 더 이상 할 수 없다. 자조 노력이 부족했기 때문이라고 약자들 스스로가 자책한다면 한 푼도 들이지 않아도 된다. 그러나 정부의 책임이라고 한다면 재정을 지출할 수밖에 없다. 그래서 빈곤을 보고 싶어 하지 않고, 숨기고 싶어 한다. 이런 식으로 정부는 여전히 빈곤을 인정하지 않고 빈곤을 계속 방치하는 것이다.

빈곤 문제에 대한 인식은 점차 확산되기 시작했다. 일부에서는 "워킹푸어의 반격"이라는 다소 과장된 어조로 떠들썩하게 이야기하는 보도도 있다. 확실히 '빈곤'이라는 말은 더 이상 예전처럼 금기시되지 않고 있다. 그러나 이 책을 집필하고 있는 2008년 3월 시점에서, 일본 정부는 빈곤 문제를 여전히 직시하지 않고 있고, 공식적으로 인정도 하지 않고 있다. 미국을 포함한 이른바 선진국들이 이 무시할 수 없는 빈곤 문제의 존재를 공식적으로 인정하고, 그 대처법에 관해 의논을 거듭하고 있는 것에 비하면 일본과의 차이는 너무나 커서 애처롭기까지 하다.

그런 의미에서 보면 일본 정부를 비롯한 전체 일본 사회는 빈곤 문제에 관해서는 여전히 출발선에조차 서 있지 않다. 우리들은 이러한 현상 인식 위에서 '반빈곤' 활동을 전개하고 있다.

# 2부

'반빈곤'의 현장에서

# 4장 '미끄럼틀 사회'에 제동을 걸기 위해

## 1. '시민 활동', '사회 영역'의 복권을 지향하며

### 안전망의 수선 가게가 되다

왜 지금 일본 사회에 빈곤이 이토록 광범위하게 퍼져 있는 것일까? 나는 이 문제를 2장의 도쿄신문 '생활 도감'을 참조하면서 설명했다(도표 1 참조). 3중 안전망이 충분히 기능하지 않기 때문에 많은 사람들이 떨어져 빈곤('다메'가 없는 상태)에 이르고 있는 것이다. 그 모양을 '미끄럼틀 사회'라고 형용했고, 실제로 추락해 가고 있는 사람들의 입장에서는 '5중의 배제'라는 표현도 가능하다고 적었다.

그렇다면 '반빈곤'을 내걸고 있는 우리들의 활동은 그 반대를 지향해야 할 것이다. 결국 낡아빠진 안전망을 수선해서 미끄럼틀에서 미끄러지는 것에 제동을 걸고, 빈곤에 빠질 것 같은 그러한 사람들을 배제하지 않고 끌어들여 '다메'를 늘려야 한다.

이것은 우선적으로 정치의 일이다. "일하면 먹고살 수 있다"는 상태를 만들기 위해서는 노동시장 규제, 실업 급여 대상과 기간 확장, 국민건강보험과 국민연금제도 재정비, 그리고 생활보호 운용을 개선해야 한다. 최종적으로 이것들은 모두 정치적 해결을 필요로 한다.

그러나 그것을 정치가에게 맡겨야 한다고 말하는 것은 잘못된 것이다. 현재 빈곤이 확대되는 현상은 정치로 인해 발생한 측면이 있다. 일본 경단련을 비롯한 재계는 헌금과 기부, 각종 제언을 통해 정계에 적극적으로 손을 써 왔고, 정치는 그동안 빈곤을 확대 심화하는 방향으로 움직여 왔다. 따라서 우리들도 선거와 그 밖의 여러 경로를 통해 정치에 손을 쓸 필요가 있다. 그런 의미에서 이것은 '사회'의 일이다. 그러나 최근에는 이 '사회'라는 말을 그다지 들을 수 없게 되었다('사회'라는 말의 쇠퇴와 그 이유에 대해서는 이치노카와 야스타카市野川容孝, 《사회》, 이와나미서점, 2006년 참조).

큰 조직력을 배경에 지니지 못한 한 사람의 개인이 무언가를 말하고 실천해 보아도 어차피 허사라는 생각이 사회에 널리 퍼져 있다. 그것은 정치에 대한 불신감이 증대했다는 것과 동시에 사회에 대한 신뢰가 실추되었다는 것을 의미한다. 세상 누군가가 귀를 기울여 줄 것이라는 확실한 신뢰가 없으면 어떤 것도 하소연할 마음이 생기지 않는다. 그것이 고립이라는 것이며, "어차피 자기만족에 불과하잖아!"라고 사회적 활동에 대한 빈정거림에서부터 "나야 어찌 되어도 좋다"는 '자기 자신에게서의 배제'에 이르기까지 사회에 대한 신뢰의 실추는 입장과 계층을 초월해 다양한 반응을 불러일으킨다.

안전망을 수선하는 노력에 대해서도 어차피 쓸데없는 짓이라고 말해 버리면 그것으로 대화는 끝난다. 헛된 것이 아니라고 단언할 근거는 없다. 상품을 만들어도 팔리지 않을 수 있는 것처럼 활동해도 변하지 않는 것이 있을 수도 있다. 발매 당시 전혀 팔리지 않던 상품이 5년 후 10년 후에 폭발적으로 팔릴지도 모르고, 여전히 계속해서 안 팔릴지도 모른다. 내가 여기에서 말하는 활동도 같은 것이다. 그러나 아무것도 하지 않으면 변하는 것도 없다. 이것만은 틀림없다.

자금력이 충분하지 않은 일개 시민이 정치에 개입하기 위해서는 사회와 여론을 매개로 행동할 필요가 있다. 개개인의 작은 활동도 대중매체를 비롯하여 다양한 미디어를 통해 전달되면 많은 사람이 이를 보고 현상과 인식을 공유하면서 사회화한다. '여론'이 형성되면 무시할 수 없는 힘이 되는 것이다.

물론 개개인의 활동이나 대처가 진정으로 필요하고 의의가 있다면, 대중매체에 오르지 않아도 또는 정계에 알려지지 않아도 타자의 공감을 불러일으켜 사회적으로 확산될 것이다.

독자 가운데에는 지금부터 기술할 내용이 소위 '정책 제언' 형태로 잘 다듬어지지 않은 것에 불만을 느낄 수도 있을 것이다. 개개인의 활동은 '작은' 이야기이고 정책은 '큰' 이야기이다. 작은 이야기를 해도 좋지만 큰 곳에서 어떻게 할 것인가를 생각해야 한다고 말할지도 모르겠다. 그러나 큰 이야기를 가깝게 다가오게 하는 것은 개인의 작은 활동이다. 그리고 그곳에서만 보이는 것도 있다. 제도를 어떻게 변화시킬 것인가라는 관점 역시 현존히는 제도 속에서 이를 갈며 분투하는 곳에서 나오는 경우가 적지 않다.

'시민'이라는 단어도 완전히 인기 없는 말이 되었다. 시민이라는 말에는 국가의 동향과는 별개로 사회 일원으로서 사회적으로 필요한 것을 자주적으로 행하는 사람들이라는 의미가 포함되어 있다. 그것은 '국민', '회사원', '노동조합원', '가족 구성원', '지역 구성원'이 아니며, '사회'에 대해 책임을 지려고 하는 존재이다.

'반빈곤' 활동에 한 명이라도 더 많은 '시민'이 참여하여, '사회'를 움직이고, 정치를 변화시켜서 일본 사회 전체가 빈곤 문제에 대한 고민을 시작했으면 한다.


최초의 '넷카페 난민' 상담

작은 개별 활동이 정책의 형태로 나타난 경우가 있다. 그 일련의 과정을 단적으로 보여 준 최근 사례 가운데 하나는 이른바 '넷카페 난민' 문제였다.

하루하루 살기가 어려운 사람들이 상담하러 찾는 '모야이'에

예기치 않게 넷카페에서 살아가는 사람에게서 처음으로 상담 메일이 온 것은 2003년 11월이었다. 상담자는 당시 38세 남성으로 도쿄 교외에 있는 창고에서 분류 작업을 하는 파견 노동자였다. 시급 700엔의 최저임금에 가까운 임금을 받으면서 일을 하고 있었다. 잔업 시간이 길고 생활보호 기준을 겨우 상회하는 수입을 얻어 그럭저럭 넷카페에 머무르고 있었다. 그러나 더 나아가 아파트에 들어갈 수 있는 비용은 아무리 노력해도 모을 수가 없었다. 넷카페에서 사는 생활은 한계에 봉착해 있었다.

상담을 하고 그에게 두 가지 선택 사항을 제시했다. 하나는 도쿄 23구가 하고 있는 홈리스 대책(자립 지원 사업)을 이용하는 것이고, 또 다른 하나는 생활보호를 신청해서 생활보호비로 거주할 곳을 확보하는 것이다.

어느 경우든 일을 그만두어야 했다. 전자를 선택할 경우 처음에 들어가야 할 시설(긴급 일시 보호 센터)에서는 기본적으로 취업을 할 수 없었다. 문 닫는 시간이 오후 5시인데, 일을 하고 있으니까 시간을 늦춰 달라고 요구할 수는 없는 노릇이었다. 거리 생활로 피폐해진 몸을 회복하기 위한 시설이기 때문이었다. 또한 생활보호를 신청하는 경우에도 설령 주소가 정해지지 않은 상태라 해도 생활보호 기준을 상회하는 수입이 있는 이상 심사를 통과할 수 없다.

그러나 이 남성은 일을 계속하고 싶어 했다. 그 이유는 "지금보다 조건이 더 나은 취직자리를 찾기 어렵기" 때문이었다. 시급이 매우 낮다고 하나 이 남성은 지금의 직장에서 신뢰받고 있었고, 주임 격으로 현장을 맡고 있었다. 잔업수당도 있었다. 자립 지원 사업을 이용해도, 생활보호를 신청해도 조만간 일을 찾지 않으면 안 되는 것은 마찬가지였다. 일을 찾지 못하는 경우, 특히 자립 지원 사업의 경우는 복지사무소의 추적도 없이 거리로 방출되는 경우가 적지 않았다. 생활보호를 받는 경우에도 거주지를 설정한 뒤에는 당연히 일을 해야 했고, 무엇보다도 "할 수 있다면 관청의 도움을 받지 않고 자활하고 싶다"고 그는 말했다.

그 경우 남아 있는 선택지는 넷카페에 머무르면서 아파트에 들어갈 자금을 모으는 방법밖에 없었다. "마음만 먹으면 할 수 있을 것"이라고 낙관적으로 말하는 사람도 있지만 실제로는 그렇게 단순하지 않다. 넷카페에서의 삶에는 낮은 수입과 동시에 높은 지출이 있다. 매일 밤 1천~1,500엔의 숙박비, 세 끼 식대는 물론 욕실 사용료, 짐 보관용 로커 사용료, 업무상 옷차림을 유지하기 위한 세탁 비용, 이 밖에도 여러 가지 경비가 든다. 말하자면 항상 여행을 하고 있는 상태이다.

넷카페에 살면서 일하고, 300엔 하는 도시락 하나를 두 끼로 나누어 먹으면서 절약하는 사람들도 있지만 "그럭저럭 5~10만 엔을 모을 수 있다고 생각할 무렵이 되면 건강을 해친다"고 한다. 감기에 걸리면 일을 할 수 없기 때문에 수입도 없다. 그러나 낮에도 머물러야 하기 때문에 지출은 는다. 안락의자에서 모포를 뒤집어쓰고 있어도 충분한 휴식을 취하지는 못한다. 여름은 에어컨, 겨울은 난방장치가 하루 종일 작동하고 있다. 자면서 식은땀을 흘려도 바로 세탁도 할 수 없다. 위장에 좋은 식사를 하기도 어렵다. 주소가 정해지지 않은 상태라 국민건강보험에 가입하지 못했기에 병원에 갈 수도 없다. 이러는 동안에 모아 놓은 돈을 다 쓰게 된다. 버텨 보기도 하고, 몸을 해치기도 하는 주기를 반복하면서 서서히 피폐해진다.

이 남성은 마침 후원을 제안해 온 아파트 셋집 주인이 있어 소개해 주었고, 그 덕에 보증금과 사례금 없이도 입주할 수 있었다.


### 대책을 강구할 때까지

그 후 한 달에 한두 건 정도로 넷카페에서 사는 사람들에게서 상담 메일이 오고 있다. 이미 2000년 전후로는 20대, 30대 노숙자가 드물지 않았기에 젊은 사람에게서 상담이 들어와도 놀랄 일은 아니었다. 그러나 넷카페라는 새로운 장소에서 홈페이지를 검색하고 이메일을 사용해 들어오는 상담 형태는 당시 우리들에게는 낯선 것이었다.

이후 3년간, 나는 취재하러 온 사람들에게 종종 이러한 넷카페에 사람이 머물게 된 상황을 말해 주면서 이러한 실태를 전해 달라고 부탁했다. 그러나 기사로 쓰이지는 않아 그들의 존재가 사회적으로 알려지지 않는 상태가 계속되었다.

상황이 변한 계기는 2006년 7월의 NHK스페셜 〈워킹푸어〉였다. 일본의 빈곤층을 '푸어(빈곤)'이라는 제목 아래 정면으로 다룬 이 프로그램은 주목을 받았다. 이후 빈곤 문제에 대한 대중매체의 관심이 한층 높아져, '모야이'에도 취재가 쇄도하고 있다. 이사히신문의 야마우치 미사코山內深紗子 기자는 '넷카페 현주소'라는 기사를 써(2006년 11월 2일 석간), 그들의 존재를 처음으로 사회에 알렸다.

2007년 1월 28일에는 일본 TV 미즈시마 히로아키水島宏明 논설위원이 〈NNN 다큐멘터리 07 넷카페 난민〉을 제작해 방영했다. 영상으로 방영된 '넷카페 난민' 실태는 많은 사람들에게 충격을 주었고, 이후 비슷한 보도가 잇달았다.

그 후 수도권 청년 유니언 등으로 구성된 청년고용대집회실행위원회가 독자적으로 전국 각지에서 조사를 했고, 전국 19지역 46개 넷카페 가운데 56퍼센트에 해당하는 26개 넷카페에 장기 체류자가 있다는 사실을 확인했다.

2007년 3월, 참의원후생노동위원회에서 공산당 소속 고이케 아키라小池晃 의원의 질문에 대해 당시 야나기사와 하쿠오 후생노동성 장관은 "건강과 안전 관리 등 모든 측면에서 바람직한 노동 형태라고 할 수 없다"는 답변을 했다. 그것을 받아들여 후생노동성은 4월에 처음으로 실태 조사에 착수한다는 방침을 밝혔다. 후생노동성의 조사는 여름에 행해졌고, 8월 28일에는 〈주택 상실 불안정 취업자 실태 조사〉가 공표되었다. 그 조사는 넷카페

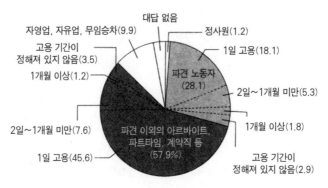

**도표 12** 넷카페 난민의 취업 상황

에 주 3~4회 이상 숙박하는 '단골 숙박자'가 전국에 5,400명이라고 추계했다. 도쿄 300명과 오사카 62명을 청취 조사한 결과 평균 월수입 10만 7천 엔으로, 4명 가운데 3명이 취직한 상태였고, 그 가운데 60퍼센트가 일용직 노동자라는 사실이 밝혀졌다. 전형적인 워킹푸어 상태인 것이다. 그러나 구체적인 구직 활동을 하고 있는 사람은 4명 중 1명뿐이었다. 그 이유는 "일일 지불이 아니면 당장 생활비가 없다", "현재, 이력서에 쓸 주소가 없다"였다. "면접하러 갈 교통비 등 당장 필요한 돈이 없다", "휴대 전화가 없다" 등 절박한 회답도 있었다.

이 조사 결과를 받아들인 후생노동성은 자치단체와 연대해 대책을 강구했다. 도쿄는 '생활 안정, 정규직 고용을 위한 대책'으로서 2008년부터 ① 신주쿠 구내에 민간 위탁으로 원조 센터를 설치해서 넷카페 순회 상담을 하고, ② 아파트 입주 비용과 생활 자금으로 최대 60만 엔을 무이자로 대출하며, ③ 40개 공공 직업 훈련 교육을 실시해 수강 중에는 매달 생활비(수강 장려금) 15만 엔을 지급하고, ④ 취직 시에는 '취직 일시금'으로 최대 50만 엔을 빌려 주며, ⑤ 정규직으로 고용을 하는 기업에는 채용 1인에 대해 장려금 60만 엔을 지급하는 방책을 실시하기로 했다. ②~⑤ 는 저소득 청년, 편부모, 중년, 고령 세대도 대상으로 포함해 전 체적으로는 '저소득자 생활 안정화 프로그램'(긴급 총합 대책 3개 년 사업)이라 명명했다. 연간 예산 10억 엔이 이 프로그램을 위해 사용된다.

넷카페에서 자는 사람들에게서 상담 신청을 받기 시작한 지 약 4년, 첫 보도가 나간 지 1년 반이 지났다. 이 과정에서 느낀 것은 일단 사회가 빈곤 문제를 인정하기 시작하면 바로 정책적 대응이 이루어진다는 사실이었다. 이 문제는 정책적으로 대응이 이루어질 때까지 일련의 과정(개별 상담, 대응 - 보도에 따른 사회 화 - 국회 질의 - 관청 조사 - 대책)이 쉬지 않고 계속 되풀이되고 있 다. 후생노동성 장관으로서도 그에게 빈곤의 실태를 내밀었을 때 "(그들이) 좋아서 하는 것이니까 방치해도 좋다"고 말할 수는 없을 것이다. 이것이 자기 책임론이 미칠 수 없는 빈곤 문제가 가진 '힘(호소하는 힘, 설득하는 힘)'이다.

홈리스는 홈리스가 아니다?

동시에 이 과정이 많은 과제를 남겨 두고 있는 것도 사실이다.

애당초, 하나의 문제로 '넷카페 난민'을 묶어 내는 것은 한계가 있다. 넷카페에 살고 있는 사람들은 길거리, 회사 기숙사, 사우나 등의 장소를 전전하고 있다. 그들은 길거리에는 없을지 몰라도 거주지와 주민등록 소재지가 서로 다른 주소 부정 상태로서 넓은 의미에서 홈리스라 할 수 있다. 단독주택이나 아파트에 살지 않으면서 거리에도 없다. 이러한 중간 형태에서 기거하는 사람들은 매우 많다. '넷카페 난민'은 그중 극히 일부에 지나지 않는다. 후생노동성의 조사는 이 가운데에 한 주의 반 이상을 넷카페에서 숙박하고 있는 사람들을 억지로 묶은 '단골 숙박자'로 유형화했는데 한 주의 반 이상인지 반 이하인지를 나누는 내용적인 차이는 아무것도 없다. 거리에서 아파트까지 다양한 거주 형태는 다양한 단계적 변화를 형성하고 있고, 사람들은 그 사이를 일상적으로 왕복하고 있다. 어떤 주는 일이 계속 있어서 일주일간 줄곧 넷카페에서 잤지만, 그 다음 주에는 일을 얻지 못해 줄곧 거리에서 자는 사태가 발생할 수 있기 때문이다.

'넷카페 난민' 문제는 아파트도 아니지만 거리도 아닌 소위 중간 형태(사우나, 캡슐 호텔, 파견 회사 기숙사, 돌아갈 곳이 없는 것에 따른 사회적 입원, 간이 숙박소 도야, 노무자 합숙소 한바, 더부살이 등)에서 사는 사람들 전체에서 보면 빙산의 일각이고, 이를 대표하는 상징적인 것이다. 이 문제를 돌파구로 해서 넓은 의미의 홈리스 상태에 있는 사람들의 실태에 다가가고 대책을 확충해 가는 것이 필요하다.

그러나 이러한 전망을 허락하지 않는 것이, 후생노동성이 이름 붙인 '주택 상실 불안정 취업자'라는 용어이다. 이는 이른바 '넷카페 난민'은 '홈리스'가 아니라는 함의를 기초로 한다. '홈리스 자립 지원 등에 관한 특별 조치법'(2002년 8월)에 따르면 "홈리스는 도시 공원, 하천, 도로, 역사 그 외의 시설을 이유 없이 기거 장소로 정해 일상생활을 영위하고 있는 자"(2조)를 말한다. 후생노동성은 넷카페에 대가를 지불하면서 머물고 있는 '넷카페 난민'은 '이유 없이'에 해당되지 않기 때문에 법이 정하는 '홈리스'가 아니라고 말한다. 또한 이 법률을 받아들여 제정된 후생노동성의 '홈리스 자립 지원 등에 관한 기본 방침'(2003년 7월)은 홈리스가 될 우려가 있는 자에 대한 대책이 필요하다는 점을 강조하고 있지만 '넷카페 난민'은 여기에도 해당되지 않는다.

배경에 있는 것은 홈리스 문제를 주관하고 홈리스 문제가 확대되는 것을 두려워하는 후생노동성의 사회원호국 지역복지과의 완고함이다. 앞서 든 법률은 10년 시한으로 입법한 것인데, 문제를 광의의 홈리스에까지 넓혀 버리면 10년으로 마무리를 짓는 것은 어려워진다. 이 때문에 지역복지과는 "넷카페에서 사는 사람들은 홈리스가 아니다"라고 강조하는 것이다. 그러나 주택 상실 불안정 취업자는 영어로 말하면 '홈리스 워커Homeless worker'이다. 대책 확충을 목표로 하는 자세를 여기에서는 찾아볼 수 없다. 결국 '넷카페 난민' 대책은 협의의 홈리스(길거리 생활자) 문제와도 광의의 홈리스 문제와도 서로 연결하지 않고, 당시 우연히 넷카페에 있던 사람들을 대상으로 한 시책으로 끝나 버리고 말 가능성이 크다.


### 생활보호제도의 하방 수정

발표된 대책에는 우려할 만한 점도 많다. 지방자치단체로는 가장 먼저 대책을 발표한 도쿄 도가 최대 110만 엔을 대부하겠다고 했는데, 그 융자 액수가 상당히 크지만 두 가지 유감스러운 점이 있다.

첫째는 대상자를 "정규직 고용처를 찾는 등 안정적인 생활이 유망한 사람을 대상으로"(마이니치신문 2008년 1월 9일 자) 좁히려고 하는 점이다. '넷카페 난민' 조사에서도 20대 다음으로 많은 사람은 50대였다. 일전에 '모야이'에 넷카페에서 사는 58세 여성이 "나도 도의 서비스를 이용할 수 있나요?"라고 물어 왔다. 이 사람들이 정규직 노동자로 취직할 가능성은 유감스럽게도 높지 않다. 또한 '단골 숙박자'의 학력은 중졸이 20퍼센트, 고교 중퇴가 20퍼센트, 고졸이 40퍼센트이다. 실질적으로 학력이 중졸, 고교 중퇴인 사람들이 그렇게 쉽게 정규직 노동자가 될 수 있는 고용 상황인가?

넷카페 난민 대책을 주관하고 있는 취업안정국은 그 이름대로 안정적 고용을 촉진하기 위한 부서이다. 그런 이상 이러한 한정이 붙는 것은 어쩔 수 없지 않느냐는 의견이 있을 수 있다. 그러나 그런 시책에서 누락된 사람들은 어떻게 해야 하나? 정규직으로 취업할 가능성도 없고, 대부도 받을 수 없는, 조건이 너 열악한 사람들일수록 시책에서 배제되고 있는 것이다.

본래대로라면 그 사람들에게는 적어도 안정적인 고용 환경에 취직할 수 있도록 지원을 먼저 해 주어야 한다. "취업할 수 있으므로 지원한다"라는 말은 순서를 바꿔 "지원을 해서 (설령 정규직 고용이 아니더라도) 취직하게 한다"가 되어야 한다. 이때 이용할 수 있는 제도로는, 일본 내 모든 제도를 다 둘러보아도 현재로서는 생활보호제도밖에 없다. 실제로 지금까지 '모야이'에 상담하러 온 사람들 대다수는 생활보호를 이용해 스스로 취직을 하기 위한 조건을 정비해 왔다. 그러나 여기에 제2의 고민이 있다.

이러한 시책이 만들어질 때 그 부작용으로 사람들이 생활보호 신청을 하지 못하게 하는 방파제적 기능이 생긴다. 물론 생활보호에 대한 '추가'가 있다면 문제없지만 급여(생활보호)에 대한 대부(넷카페 대책)는 생활보호보다도 내용이 떨어져, 생활보호 아래에 망을 치는 '하방 수정'에 지나지 않는다. 실제, 2000년부터 선행해서 행해지던 '홈리스 자립 지원 사업'에서는 창구가 있는 각 자치단체(23구)의 복지사무소가 "홈리스 상태에 있는 사람은 자립 지원 사업을 이용할 수 있게 되어 있다"고 해 그 이외의 선택지가 없는 것처럼 선고했다. 이는 생활보호를 신청하려는 본인의 선택 여지를 박탈하는 것이다. 2007년 6월에 이타바시구 복지사무소는 과거의 자립 지원 사업 시설에서의 괴로운 경험 때문에 생활보호를 신청했던 47세 남성에게 "자립 지원 사업에 참여하지 않으면 생활보호 신청을 각하한다"며 2주간에 걸쳐 집요하게 압박을 했다. 이러한 예는 셀 수 없이 많다.

"정규직 고용의 전망이 있는 사람"(고용 대책)과 "생활보호 신청을 받아 줄 수 있는 사람"(복지 대책) 사이에는 넓은 공백이 만들어지고 있다. 일용 파견과 임시 파견, 그리고 도급을 비롯한 비정규직 고용의 영역이 이만큼 확대되었으므로 당연해 보인다. 그러나 나아가려고 해도 고용해 주는 곳이 없고, 물러서려고 해도 복지사무소 창구에서 위법하게 되돌려 보내지는('신청 저지 압력') 상황에서 일할 수 있는 연령(18~64세)에 있는 저소득층은 계속 배제되고 있다. '넷카페 난민'은 거리에 사는 홈리스들과 함께 모든 안전망에서 배제된 사람들을 상징하기도 한다.

신주쿠에 설치되어 민간 위탁으로 운영되는 '원조 센터'의 순회 상담원이 '정규직 고용의 전망이 없는' 사람을 만났을 때, 그 상담원은 어떻게 할까? 거리 생활자가 되면 자립 지원 사업을 이용할 수 있으므로 보다 힘든 상태가 될 때까지 계속 있으라고 할까? 아니면 쫓겨날 것을 알면서도 복지사무소를 소개할까? 그것도 아니면 복지사무소에 따라가 생활보호 신청을 하는 것을 지원해 줄까? 이러하기에 이번 시책이 어디까지 깊이 파고들 수 있을지 낙관할 수는 없다.

시책은 반드시 다음 과제를 남긴다. 100점짜리 시책 같은 것은 있을 수 없다. 그것을 일보 전진으로 볼 것인지, 아직도 불충분하므로 부족한 부분을 주의하면서 볼 것인지, 혹은 출발 방향 자체가 잘못되었다고 전면적으로 비판할 것인지는 사안에 따라 다양하다. 다만 문제를 제기하고 시책을 실시하게 하고 이와 동시에 그것을 검증하는 것은 우리들 시민의 몫이다. 그런 의미에서 우리들은 공적 시책의 외부에 있으면서 문제를 지속적으로 제기하고 감시해야 한다. 나는 그러한 시민사회 영역을 복권하고 싶어 하는 사람이다.

이러한 형태로 시책을 끌어들일 수 있을지 어떨지는 결과론이며, 활동의 본질적 계기는 아니다. 현장의 수요에 기초를 둔 활동은 설령 그것이 정책적으로 호응을 받을 가능성이 없다고 해도 사회적으로는 필요한 것이다.


'반빈곤' 활동 분류

'반빈곤'을 주장하며, 안전망 수선을 시도하는 우리의 활동은 편의상 몇 개의 영역으로 분류할 수 있다. 다음은 내가 관여하고 있는 개개의 활동을 영역별, 성질별로 집계한 것이다. 말할 것도 없이 빈곤 문제와 직간접적으로 접점을 가지는 활동은 똑같이 사회보장과 관계된 것이라도 장애인, 고령자, 편부모 가정, 다중채무자, 워킹푸어, 홈리스 등 여러 분야에 걸쳐 있으며 대항적인 제언 활동(옹호, 지지)부터 거주지를 만드는 것 등 매우 다양하다. 여기에 열거한 것은 전체에서 보면 극히 일부의, 고작 한 명의 사람이 관여할 수 있는 협소한 범위에 한정된 것이다. 따라서 전체를 알기 쉽게 망라하여 배치한 것은 아니다.

그러나 다른 한편 그 협소한 범위 내에도 다양한 활동이 있으며, 각각의 활동을 파고들면 다양한 각도에서 빈곤 문제의 한 단면을 엿볼 수 있다. 개개의 규모는 작아도 하나하나의 활동이 호응하고, 여러 분야의 활동이 서로 제휴해 일본 사회가 빈곤 문제에 관심을 가지기를 원하는 마음이다. 이를 아래에 소개하면 다음과 같다.

표 2 반빈곤 활동 분류

| | (1) 개별적, 비판적, 보완적 | (2) 독자적, 창출적 | (3) 사회적, 제언적 |
|---|---|---|---|
| A 고용 안전망 | 엠 크루 유니언 | 아운<br>(AWN : Asia Worker's Network) | |
| B 사회보험 안전망 | | 반빈곤 상호부조 네트워크 | |
| C 공적부조 안전망 | 모야이, 홈리스 연합 상담 네트워크, 수도권 생활보호 지원 법률가 네트워크 | | 생활보호 문제 대책 전국 회의, 홈리스 법적 지원자 교류회, 사이타마 생활 지원 네트워크 |
| D 전체 | | | 반빈곤 네트워크, 빈곤 연구회 |

표 2의 세로(A~D)는 고용, 사회보험, 공적부조 각각의 안전망 중 어디에 주로 대응하는가를 보여 주는 영역적 분류이다. 가로는 (1) 각각의 안전망에서 배제되어 있는 개개인에 대응하며, 그것을 통해서 안전망의 존재 방식에 비판적으로(보는 방식에 따라서는 보완적으로) 관계하는 대처, (2) 안전망의 결함 부분을 스스로 창출하는 대처, (3) 개개의 대응은 아니고 보다 사회적으로 넓게 호소하기 위한 대처라는 활동의 주된 성질에 관한 분류이다. 모두 편의적인 구분에 지나지 않고, 모든 활동도 횡단적인 사정거리를 지니고 있다.

예를 들어 엠 크루 유니언은 엠 크루라는 일용 파견 회사의 위장 도급 문제와 부당 공제 문제 등, 개별 기업의 열악한 노동조건을 시정할 것을 요구하여 고용 안전망을 다시 세우고(A - (1)), 이와 동시에 그러한 개별 기업에 대한 문제 제기를 통해 '일용 파견'이라는 노동 형태 그 자체에 대한 규제 강화를 사회적으로 구하며(A - (3)), 또한 일용 파견 노동에 종사하고 있는 사람들에게 일용직 고용보험을 적용하고, 나아가서는 일용직 고용보험제도가 일반적으로 확충될 수 있는 방안을 개별적, 사회적으로 찾는다(B - (1), B - (3)). 이러한 횡단적 성질은 다른 활동도 같은 양상으로 있기 때문에 사회적인(조합원 등의 특정 대상자만이 아닌) 존재 의의도 있는 것이다.

게다가 표 2에는 반영되어 있지 않지만, 각각의 활동을 중점적으로 담당하는 사람들은 활동가, 법률가, 연구자 등 다양하다.

마찬가지로 개개의 활동은 동시에 안전망의 결함 부분을 주의 깊게 살펴 그곳에서 누락되는 사람들을 희생물로 삼아 빈곤을 고정화해 이윤을 얻는 '빈곤 비즈니스'(5장 참조)와 대치 관계에 있다.

## 2. 기점으로서의 '모야이'

### '판도라 상자'를 열다

나는 1995년에 홈리스 지원 활동에 관여하기 시작했지만 현재 관여하고 있는 다양한 활동의 기점이 되는 것은 2001년 5월에 발족한 '모야이'이다.

'모야이' 활동은 주소 부정 상태에 있는 사람들에 대한 아파트 입주 시의 연대보증인 제공과 생활 곤궁자에 대한 생활 상담을 두 개의 주된 축으로 하고 있다. 연대보증인 제공은 6년 반 만에 1,300세대, 매년 200세대가 넘는 속도로 증가하고 있다. 대상은 노숙자를 비롯하여 광의의 홈리스 상태에 있는 사람들로 노숙자 가 70퍼센트, 가정 폭력을 피해 집에서 도망쳐 온 사람들이 20퍼센트, 나머지 10퍼센트는 정신장애인과 외국인 노동자, 거리에서 살고 있는 것은 아니지만 집에서 살고 있는 것도 아닌 '넷카페 난민' 등이다.

당초, 이 활동은 많은 사람들에게서 우려와 비판 섞인 충고를 받았다. 홈리스 상태에 있는 사람들에게 연대보증을 해 주면, 돈이 얼마가 있다 해도 충분치 않아 조만간 파산할 것이라는 이야기였다. "판도라의 상자를 열었다"는 이야기도 있었다. 그러나 실제로 체납 등에 따른 금전적 문제가 발생한 것은 약 5퍼센트 안팎이다. 지금도 그들에게 계속 연대보증인을 제공하고 있다.

　그중 95퍼센트가 적어도 연대보증인에게 금전적인 부담을 주지 않고, 아파트 생활을 하고 있다는 사실이 널리 알려지면 좋겠다. 그 자체가 "홈리스들은 아파트 생활 등이 불가능하고, 아파트에서 살고 싶어 하지 않는다"는 편견에 대한 반증이기 때문이다.

　오히려 우리들의 기억에 남아 있는 것은 "30년 만에 다다미 위에서 마음껏 편히 쉬면서 잘 수 있었다", "스스로 만든 된장국을 마시면서 마음속 깊이 '돌아왔구나!'라고 생각했다"는 그들의 목소리이다. 오랫동안 "스스로 원해서 노숙하고 있다"는 자기 책임론의 희생자였던 노숙자도 아파트에 들어가기만 하면 대부분이 연대보증인에게 폐를 끼치지 않고 아파트 생활을 유지할 수 있다. 그렇다면 그들을 아파트 생활에서 멀어지게 만든 것은 무엇일까? 여기에 이르면 무지에 기초를 둔 자기 책임론은 파탄이 날 것이며, 사람들은 사회적, 구조적인 여러 요인으로 눈을 돌릴 것이다.

　본래, 아파트 입주 시 연대보증인 제공이라는 문제는 작은 NPO 법인의 힘으로는 감당할 수 있는 것이 아니다. 실제 연대보증인을 준비하지 못해 고생하고 있는 사람들은 우리들이 대응하고 있는 건수의 수십 배, 수백 배에 달할 것이다. 국토교통성이 2001년에 '고령자 입주 안정 확보에 관한 법률'을 제정해 이를 받아들여 그해에 도쿄 도는 고령자 입주 지원 서비스로 '안심 입주 제도'를 시작했다. 이후, 23구에서도 속속 유사한 제도가 신설되어 연대보증인을 찾지 못한 사람들에게는 집세 보증을 해주는 사업 등이 실시되었다.

그러나 많은 경우 대상자가 고령자와 장애인 수첩을 가진 사람 등에 한정되고 있고, '구내에 주민등록을 한 이후 2년이 경과한 자'라는 자격 요건이 부과되고 있기 때문에 이용하는 것은 쉽지 않다.(요코하마 시 '민간 주택 안심 입주 제도'는 그중에서도 유일하게 이용하기 편한 제도이다.) 많은 자치단체가 서비스를 개시할 당시 작은 홍보지에 이 제도를 게재하고는 그 이후 홍보를 거의 하지 않아 제도 자체가 널리 알려져 있지도 않다. 게다가 민간 채무보증 회사와 이용 희망자를 중개할 뿐 자신들이 대응하지 않으며 이용료도 높다. 그 결과 2006년도 누적 이용 건수가 도쿄 도 23구 전체 입주 지원 제도 이용자를 다 합쳐도 대다수가 자원봉사자로 운영되고 있는 일개 민간단체인 '모야이'의 실적에도 미치지 못한다. 이는 정말 말도 안 되는 일이다.

프리라이더(무임승차)를 배제하고 '진정 필요한 사람들'에게 서비스를 제공한다는 것은 행정이 매우 좋아하는 표현이지만, 실제로는 주소 부정 상태에 있으며 연대보증인을 찾을 수 없기 때문에 아파트 입주가 거의 불가능한 '진정 필요한 사람들' 일수록 이 제도에서 배제되고 있는 것이다. 만약 각 자치단체가 사람들 대부분이 이용하지 않는 이러한 서비스 비용을 '모야이' 운영비로 충당해 준다면 현재보다도 몇 배는 많은 사람들이 연대보증인 문제를 해결해 아파트에 입주할 수 있을 것이다. 그러나 발족한 지 6년 반이 지났어도 행정기관으로부터는 단돈 1엔도 들어오지 않았다. 지금도 성원 대다수가 무상 자원봉사자로 '모야이' 활동을 지탱하고 있다.


### 인간관계의 빈곤

그러나 "행정기관이 하지 않으니까"라는 소극적이고 보완적인 동기만으로 우리들이 활동하고 있는 것은 아니다. 우리들이 연대보증인 제공에 발을 들여놓은 데는 또 하나의 동기가 있다. 그것은 연대보증인 문제가 다양한 활동 분야의 매듭이 된다는 인식 때문이다.

1990년대 후반에 거리에서 노숙자 지원 활동을 하고 있을 때, 우리들은 매년 1.5~2배의 추세로 노숙자가 증가하고 있음을 직접 목격했다. 현장에서 활동하고 있으면 노숙 생활이 얼마나 힘든지는 생각할 필요도 없이 이해할 수 있다. 당연하지만 인간은 노숙하지 않으려고 노력한다. 그런데도 어쩔 도리가 없었을 때 (그리고 자살하지 않았을 때), 인간은 거리로 나간다. 노숙자 수는 현실에서 빈곤 상태에 처한 사람들 전체로 보면 몇 퍼센트에 지나지 않을 것이다. 전체에서 봤을 때 조금에 불과한 이러한 사람들이 이처럼 증가하는 것은 그 배후에 광범위한 수의 빈곤층이 생기고 있다는 것을 의미한다. 나는 빈곤 문제를 노숙자의 문제만으로 한정해서는 안 되겠다고 느꼈다.

그러나 노상에 몰두하여 활동하고 있으면 유사한 빈곤 문제에 대응하고 있는 단체, 예를 들어 가정 폭력 여성 쉼터 사람들과 만날 기회는 거의 없다. 또한 다른 빈곤 문제에 대처하는 운동의 폭을 넓힐 수 있는 상태도 아니다. 그러나 적은 사람으로 많은 일을 해내고 있는 것은 어느 곳이나 같다고 할 수 있어, 각자의 활동에 매몰되어 버린다면 활동 영역을 넓힐 수가 없다. 연대보증인 문제는 빈곤 상태에 빠진 많은 사람들이 공통적으로 안고 있는 것으로 모든 단체가 고려하던 것이다. 그래서 연대보증인을 제공하는 활동을 한다면 다양한 분야의 활동과 접점을 지닐 수 있을 것이라고 생각했다. 공통의 과제를 묶어 내고, 그것을 축으로 제휴의 폭을 넓히는 것. 그것이 연대보증인 문제에 몰두하기 시작한 또 하나의 동기였다.

왜 빈곤 상태에 있는 사람은 연대보증인을 찾는 것이 힘든 것일까? '빈곤'을 단순히 경제적인 '가난'과 동일시하고 있다면 이 질문에 대답하기 힘들다. 그러나 실제로는 빈곤 상태에 있는 사람들 대부분이 연대보증인이 되어 줄 만한, 의지할 수 있는 관계(인간관계의 '다메')를 가지고 있지 않다. 그 때문에 '모야이'

발족을 준비하는 과정에서 우리들은 '인간관계의 빈곤도 빈곤 문제다' 라는 메시지를 명확히 내세웠다. '빈곤' 과 '가난' 의 차이, '5중의 배제' 라는 발상은 여기에서 제기되었다.


### 자기 책임의 내면화

본래 의미에서 "판도라의 상자를 열었다"는 것은 활동의 다른 축이었던 생활 상담의 영역이었는지 모른다. '모야이' 가 하는 생활 상담은 시간이 갈수록 증가했으며, 내용도 다양해지고 복잡해졌다. '모야이' 에서는 연대보증인을 제공하지 않아도 생활이 어려운 사람 누구에나 문호를 개방하고 있기 때문에 일본 사회의 빈곤 확대에 비례해 생활 상담도 증가해 갔다. 이를 다루는 직원들은 6년 반 활동 기간 동안 조금씩 증가해 왔지만 항상 한계를 넘는 상담 건수가 밀려들었다.

상담의 다양화, 복잡화는 연령, 성별, 세대 구성원 수(가족 구성), 거주 형태, 수입 형태 등 모든 측면에서 확인할 수 있다. 이전에는 상담자라고 하면 노숙 생활의 경험이 있는 중년, 고령층 독신 남성이나 가정 폭력을 이유로 이혼한 모자 가정 등 '고전적 빈곤층' 이라고 이야기되는 사람들이 대부분이었다.

그러나 최근 일이 년은 10대부터 80대까지 남성과 여성, 가족이나 부모 자식을 둔 사람과 독신자, 아파트 혹은 자기 집에서 사는 사람과 노숙인, 실업자와 취업자 등을 망라해 너무나도 다양한 사람들이 상담하러 오고 있다. 넷카페에서 살고 있는 20대 워킹푸어와 상담을 한 후에 연금만으로는 생활이 어렵다는 고령자 이야기를 듣고, 다음에는 친구 집에 더부살이하면서 우울증에 걸린 여성의 하소연을 듣는 등 그 다양함이 일상적인 상담 풍경이 되고 있다. 간혹 현재의 빈곤 문제를 '취직 빙하기 세대'만의 문제인 것처럼 이야기하는 사람이 있지만 그것은 눈에 보이는 것만을 표면적으로 취해 문제를 과소평가하고 있는 것이다. '모야이' 상담을 하루만이라도 견학한다면 이는 누구라도 이해할 수 있다.

"이런 상태라면 자살을 생각할 수밖에 없다.", "일과 자금 모두 바닥나 버려 노숙 생활을 하게 되었다.", "돈이 없어 노숙도 한계에 직면한 상황이다.", "하루하루 생활하기 어렵고 내일은 어떻게 하나라는 생각뿐이다. 살아갈 수가 없다.", "만화방에서 아침 몇 시간 따뜻하게 있었던 것도 이제 마지막이다.", "갈 곳도 없고 입을 것도 없어 힘들다.", "지금 가지고 있는 전 재산은 7엔 뿐이다.", "가지고 있는 돈이 500엔이 되어 버렸다.", "생활에 한계를 느끼고 있다.", "3개월 정도 넷카페 생활을 했지만 이제 가지고 있는 돈도 바닥을 보이고 있다. 이제 한계 상황이다.", "이제 죽을 일만을 생각한다." - 상담 메일을 대강 훑어봐도 이러한 이야기들이 죽 나열되어 있다.

"왜 더 일찍 상담하러 가지 않을까?"라고 말하기는 쉽다. 그러나 사람들 대부분이 자기 책임론을 내면화하고 있기 때문에 생활이 힘들어도 "다른 사람의 도움을 받아서는 안 된다, 어떻게든 스스로 힘내지 않으면 안 된다"고 굳게 믿고 있다. 사람들은 위의 상담 메일과 같은 상태에 이르기까지는 SOS 신호를 보내지 않는다. 이를 더 잘 표현하자면 그들은 '자조 노력이 부족' 한 것이 아니라 자조 노력에 과도하게 매달린 사람들이다. 자조 노력을 해도 결과가 나오지 않는 경우가 있기 때문에 과도한 자조 노력과 그것을 요구하는 세상 일반인들의 무언의 압력이 이런 결과를 낳는 것은 당연하다. 자기 책임론이 가져오는 피해는 빈곤을 만들어 낸다는 점만이 아니라 빈곤의 당사자를 무의식적으로 결박함으로써 문제 해결에서 멀어지게 만든다는 데 있다.

그 결과 '모야이'의 생활 상담에서도 가장 빈번하게 활용되었던 것은 생활보호제도였다. 본인도 원하지 않으며, 복지사무소도 환영하지 않는다는 것은 잘 알고 있다. 생활보호는 누구에게도 '바람직한' 선택이 아니다. 그러나 다른 방법이 없다. 눈앞에 있는 사람에게 "유감스럽지만 이제 죽는 일밖에 남지 않았습니다"라고 말할 수 없는 이상, 남은 것은 생활보호제도를 활용하는 수밖에 없다. 이것을 "괘씸하다"고 말하는 사람에게는 그렇다면 생활보호제도를 이용하지 않아도 사람들이 생활할 수 있는 사회를 함께 만들자고 호소하고 싶다. 이를 위해 고용 안전망과 사회보험 안전망을 강화할 필요가 있다.

신청 동행과 '신청 저지 압력'

생활보호제도 이용은 제도나 창구 소개에서 끝나지 않는다. "여기로 가면 좋을 거예요"라고 말하는 것만으로 문제를 풀 수는 없다. 담당 부서인 복지사무소에 가도 쫓겨나 버리기 때문이다.

"생활보호를 받고 싶다고 신청했지만, 트집이 잡혀 수리되지 못했다.", "신청서조차 쓰지 못했고 끝에 가서는 '직장인 신용 대출이라도 이용하는 것이 좋지 않겠습니까?'라는 말을 들었다.", "생활보호를 받고 싶지만 혼자서는 불안하다. 전에도 접수하지 못했다.", "수개월간 계속 신청서를 접수하지 못했다.", "일전에 어머니가 관청에 생활보호를 신청하러 가셨지만 바로 거절당하고 말았다.", "집이 없다면 생활보호도 받을 수 없다고 시청 직원은 말했다." - 복지사무소에서 쫓겨난 뒤 '모야이'에 상담하러 온 사람들의 수는 적지 않다.

기가 막히는 것은 우리들과 같은 제3자가 동행하면 그 사람의 상황이 하나도 달라진 것이 없는데도 수월하게 신청할 수 있다는 것이다. 그렇다면 이러저러한 이유를 붙여 돌려보낸 행위는 무엇이었는지 의문이 든다. 혼자서 갈 때의 대응과 너무도 큰 차이에 "억울하다"고 말하며 우는 여성도 있었다. '모야이' 회원이 직접 들었던 말 중에도 "신청서가 금고에 들어 있는데 오늘은 열쇠를 가지고 있는 사람이 벌써 돌아가 버렸다"는 등 치졸한 거짓말만 하는 직원도 있었다(도쿄 다이토 구). 당시에는 결국 30분 뒤 신청서는 나왔지만 담당 직원에게서 기가 죽은 모습은 찾아볼 수 없었다고 한다. 그러한 행위는 단지 사람들의 생활 재건을 늦추는 데 그치는 것이 아니라 행정에 대한 불신감을 키워 생활보호 수급 후 담당 직원과의 소통을 어렵게 만든다.

생활보호 상담은 '면담실'에서 상담 직원과 상담자가 일대일로 행하는 것이 원칙인데 이것도 악용되고 있다. 밀실에서는 무엇을 말해도, 어떤 거짓말을 해서 쫓아내도 듣는 사람이 없으며 증거가 남지 않기 때문이다.

동행과 동석은 거기에 제3자의 눈이 존재하기 때문에 면담실의 밀실성을 막는 의미를 지니고 있다. 생활보호 신청을 지원해 주는 것이 마치 민생 위원이나 지자체 의회 의원의 특권인 듯이 이야기되지만 실제로는 누가 가더라도 "제3자가 거기에 있다"는 이유로 의미를 갖는다. 요점은 직원이 제3자를 의식해서 단어를 선택하게 된다는 데 있다(상세한 것은 앞서 언급한 졸저《생활보호 신청 매뉴얼》참조).

따라서 나는 면담실에 감시 카메라를 설치해야 한다고 생각한다. 이후 상담자 본인의 요청에 기초해서 이를 확인할 수 있게 한다면 '신청 저지 압력'은 즉시 해소될 것이다. 현재 일본변호사연합회는 경찰서에서의 위법한 자백 강요를 막기 위해 취조실에 감시 카메라를 설치하라는 운동을 전개하고 있는데 이것도 같은 이유이다. '감시 사회화'는 바람직한 것은 아니지만 그것은 권력자가 시민의 동향을 지켜보기 위해 감시 카메라를 '활용'할 때 문제가 되는 것이다. 취조실과 면담실은 압도적인 권력 관계

의 차이를 배경으로 밀실에서 공무원이 위법행위를 자행할 우려
가 높다는 점에서 공통적인 성격을 갖는다. '제3자의 눈'을 어떠
한 형태로든 담보할 필요가 있다.

각 지자체에서 생활보호를 담당하고 있는 복지사무소 직원도
전반적인 사회보장비 억제, 지자체의 긴축재정, 공무원 때리기
속에서 항상 한계를 넘는 업무를 처리하고 있다. '신청 저지 압
력' 문제가 단순히 담당 공무원의 자질 문제로서만 다루어진다
면 결국은 공무원의 신분보장을 무너뜨리는 데 이용되고, 공공
서비스는 민영화될 것이다. 그것은 상담자에게 어떤 이익도 가
져다주지 않는다. 그러나 그런 만큼 공무원들은 정확한 공공서
비스를 행해 자신들의 존재가 필요하다는 것을 적극적으로 보여
주어야 한다. '신청 저지 압력'과 같은 위법행위는 무엇보다도
자신들의 목을 조르는 행위라는 점을 자각했으면 좋겠다.


안식처 만들기

생활 상담은 생활보호 신청 동행으로 그치지 않는다. 그것과
나란히 중요한 의미를 지니는 것이 당사자의 안식처 만들기와
상호 교류이다.

다음과 같은 사람이 있다고 하자. 그는 부모에게 학대당하면
서 자랐다. 또한 오랫동안 고립되어서 정신적으로 막다른 지경
에 몰려 있다. 항상 질타를 당했고 따뜻하게 환영을 받은 경험은

거의 없다. 이런 사람은 설령 생활보호를 받게 되어 최저한의 생활 기반을 확보했다고 해도 그 다음 날부터 "어려운 일에 맞서 싸울 준비가 되었습니다"라고 말할 정도로 변모할 수 없다. 인간은 기계가 아니다.

또한 거리에서 살았을 때에는 생존하기 위해 먹을 것을 융통하는 등 타인과 교류할 기회가 있었던 고령자가 아파트에 들어오면 오히려 그런 관계가 끊겨 버려 누구하고도 이야기할 수 없는 상태가 되기도 한다. 생활보호를 받았다 해도 친구가 생길 리 없는 것이다. 금전적인 생활 기반이 만들어져도 인간관계의 '다메'가 증가하지 않는다면 총체적인 '다메'는 좀처럼 늘지 않는다.

이것은 단순히 경험에 기초한 추측이지만 "이웃에게서 독가스 공격을 받았다", "주인이 제멋대로 방에 들어와 물건을 훔쳐 간다"는 망상이 시작되는 사람은 많은 경우 자신의 방 이외에는 편히 쉴 곳이 없는 사람이다. 자신의 방 이외에 안식처를 갖지 못한 사람들은, 자신의 방도 안식처가 아니라고 말한다. 그런 의미에서 인간은 자기 집과 학교, 회사, 동아리, 혹은 넷 커뮤니케이션 등 복수의 안식처가 있어야만 살 수 있는 동물인 것이다.

아파트에는 들어갔지만 역시 거리 쪽이 더 좋았다고 생각하지 않도록 '모야이'는 당사자 간 상호 교류와 안식처 만들기에 힘을 쏟고 있다. '모야이'는 원래 풍랑이 일 때 작은 어선들을 서로 매어 전복되지 않게 연결하는 것을 의미한다. 안식처라는 것은 당사자끼리 만나는 장소이다. 어느 직원이 "커피포트와 컵이 있으면 안식처는 만들어진다"고 말한 바 있는데 명언이라고 생각한다. 문자 그대로 '수다'를 떨 수 있는 곳, 차가운 시선에 노출되지 않고 귀찮은 존재나 애물단지 취급을 당하지 않아 마음이 풀리는 장소이다. 자신의 안식처를 가지고 있는 사람은 좀처럼 이해하지 못할지 모르지만 모든 사람에게 그러한 장소가 있는 것은 아니다. 이전에 1년 반을 넷카페에서 거주한 후, '모야이'가 안식처로 만든 찻집에 온 31세 남성은 "여기는 집이 없다는 것을 감추지 않아도 좋다"고 감격해서 말했다. 이런 정도의 장소도 좀처럼 찾기가 쉽지 않은 것이다.

'모야이'는 연대보증인을 제공하는 사람과 생활 상담을 받으러 오는 사람을 중심으로 누가 와도 좋은 찻집을 열고 있지만 최근에는 여기에다 커피 원두를 볶는 공동 작업이나, 여성과 청년 각각의 안식처를 따로 만드는 일도 하고 있다. 나 자신은 각각의 안식처에 거의 관여하지 않지만, 이른바 '지원자'가 일방적으로 설교하는 것이 아닌, 당사자끼리 서로 만나는 하나의 '장소'로서 이곳에는 어떤 특별한 힘이 있다. 그것은 다양한 분야에서 '동료 카운셀링(유사한 경험을 가진 당사자끼리 서로 카운셀링을 하는 것)'이 이루어지고 있는 것에서도 알 수 있다.

물론 이곳에 올 수 없는 사람들의 존재에도 신경을 써야 한다. 모든 사람이 모두 편안히 쉴 수 있는 안식처라는 것은 존재할 수 없다. 안식처의 적정 규모는 기껏해야 10~20인 정도가 아닐까 생각한다. 그런 의미에서 안식처 만들기는 '질보다 양'이다. 수많은 안식처가 존재하고 사람에 따라서는 여기저기 찾아다님으로써 항상 어딘가에서 다른 사람과 접촉할 수 있는 상태를 만드는 것이 필요하다.


### 안식처와 '반빈곤'

그러한 "감칠맛 나는", "맺힌 데가 없는" 안식처의 존재는 '반빈곤'이라는 단어가 지닌 운동적이고 투쟁적인 이미지와는 맞지 않는다고 생각하는 사람이 있을지 모르겠다. 그러나 이들은 밀접한 관계를 맺고 있다.

예를 들어 노동조합에는 종종 이미 조합에서 함께 싸우고 있는 사람, 또한 지금부터 조합에 들어와 함께 싸우고자 하는 사람만이 동료라는 의식이 있다. 조합원 증가, 조직 확대만을 노린다면, 그것은 합리적인 선택으로 보인다. 그러나 나는 '반빈곤'은 그렇게 해서는 안 된다고 생각한다.

여기에서도 핵심 개념은 역시 '다메'이다. 싸우는 것도, 일하는 것과 마찬가지로 대규모의 에너지('다메')를 필요로 한다. "부당한 취급을 받았다면 분노해야 한다"는 분노의 강요는 "누구든 마음만 먹으면 당연히 다시 도전할 수 있다"는 도전의 강요와 기본적으로 같다. 필요한 것은 분노이든 도전이든 그것이 가능할 정도까지 '다메'를 키우는 것이다. 그 과정을 그리지 않으면서 강요만을 하는 것은 결국 각종의 안전망에서 격리시키는 것과 다르지 않다.

그러나 그렇게 해서 사람을 무시하면 배제된 사람들에게서 역으로 이쪽이 무시당하는 것이 현실이다. 2007년 참의원 선거에서 자민당이 크게 패한 것도, 노동조합의 조직률 저하도 원인의 일단은 거기에 있다. 그것을 "부동표 흡수가 어렵다", "비정규직 노동자를 조직화하기가 어렵다"고 말해서는 미래가 없다. 역설적으로 말하는 것이지만 싸우기 위해서는 싸우지 않아도 좋을 장소가 필요하고 그것이 안식처이다.

결국 빈곤 상태까지 몰린 사람들의 '다메'를 늘리기 위한 조직적, 사회적, 정치적 여유('다메')가 일본 사회 전체적으로 상실된 것이 아닐까? 국가도, 지방자치단체도, 기업도, 회사도, 학교도, 가정도, 지금 누구나가 '서바이벌(생존)'을 입에 올리면서 한순간이라도 정신을 차리지 않으면 질 것이라는 위기감 속에서 허우적대고 있다. 그 초조함과 여유 없음('다메'의 결여)으로 인해 사람들은 더욱더 멀어진다. 다소라도 여유가 있는 것이 무엇인가 죄 많은 '게으름'의 증거인 듯이 여겨져 초조한 마음을 갖게 된다. 그리고 사람을 무시하고, 자신 또한 다른 사람에게 무시당하고, 결국에는 자신이 자신의 목을 조르게 된다. 개인의 '다메'를 늘리지 않는다는 것은 그 조직과 사회가 '다메'를 잃었다는 증거이다.(이에 대해서는 마지막 장에서 상세하게 서술했다.)

빈곤 상태에 있는 사람들의 '다메'를 늘리려면 생활보호제도

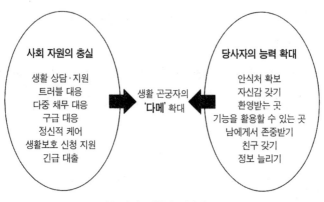

도표 13 반빈곤 활동을 지지하는 두 바퀴

와 채무 정리 등 여러 서비스의 활용을 지원하는 활동, 혹은 서비스 그 자체를 만드는 활동과 함께 본인이 '자기자신에게서의 배제'에서 회복될 수 있는 안식처 만들기를 병행해야 한다. 나는 그렇게 생각하고 있다. 이 둘이 차의 두 바퀴와 같이 맞물리지 않는다면 '반빈곤' 활동은 잘되지 않을 것이다(도표 13).

그러한 '모야이' 활동을 기점으로 나는 그곳에서 다른 분야 다양한 사람들과 당면한 여러 과제와 파생된 문제의식들을 제휴해 왔다. 일본 사회에 빈곤이 확대되는 것에 대해 다양한 분야의 다양한 사람들이 지금 '반빈곤' 활동에 나서기 시작했다. 다음 장에서는 '반빈곤' 활동 내용을 개관하면서 이 '미끄럼틀 사회'에 어떠한 제동을 걸고자 하는지, '반빈곤' 활동의 목적과 사회적 위치에 대해 살펴볼 것이다.

# 5장 연대하기 시작한 '반빈곤'

## 1. '빈곤 비즈니스'에 저항해서
### – 엠 크루 유니언M-Crew Union

**일용직으로 파견 회사에서 일하다**

2007년 8월 1일, 나는 일용 파견 회사 엠 크루에서 일했다. 아침 6시 30분에 회사에 집합했고, "도착하면 N(사용 회사 현장 감독)에게 전화해서 그의 지시에 따를 것"이라고 쓰인 '작업 의뢰서'를 전달받고 혼자 출발했다.

파견된 곳은 시내에 있는 사립학교였다. 건물 주변에는 공사를 위한 안전 발판이 설치되어 있었고, 건물은 천으로 덮여 있었다. 출입구 부근에는 변기와 배기관이 높이 쌓여 있었다. '작업 의뢰서'에 쓰여 있던 '쓰레기 치우기'는 이것을 운반하는 일일 것이다. N에게 전화하자 "아직 출발하지 않았으니 일꾼 A의 지시를 따르도록 해"라고 말했다. 그러나 A는 없었다. 다른 일꾼이

출근해서는 "건물 주변 쓰레기를 줍고, 벽지를 제거해"라고 다른 지시를 내렸다. 결국 지시 체계를 잘 이해하지 못한 채 벽지 제거 작업을 시작했다.

휴식 시간에 흡연 장소에서 담배를 피우고 있는데 일꾼 한 사람이 말을 걸어 왔다.

"얼마에 일하러 왔어?"

"8시간에 7,700엔입니다."

"싸군. 상당히 뜯기고 있어. 회사는 아마 1만 3,000엔 정도 지불하고 있을 텐데. 그런 곳에서 일해 봤자 대우받지 못할 거야. 직접 고용하는 아르바이트를 찾는 쪽이 좋아. 열심히 해서 실력을 발휘하면 정식으로 고용해 주지 않겠어?"

다음은 건물 주변에 흐트러져 있는 자재 조각을 줍는 것이었다. 작업 내용으로 지시된 '쓰레기 치우기'에 착수한 시각은 오후 2시쯤이었다. 30미터 정도 떨어진 덤프트럭까지 등에 자루를 지고 왕복했다. 덤프트럭에는 더러운 베니어판 두 장이 놓여 있었다. 덤프트럭 난간이 낮았기 때문에 그 베니어판을 세워서 폐기물이 넘치지 않게 하려는 것이다. 이 사실을 모른다면 베니어판을 쓰레기로 생각해 그 위에 폐자재를 쌓아 버렸을 것이다. 초보적인 지식이지만 경험이 없는 사람은 모를 것이다. 그런데 나는 거기에 있는 누구에게서도 이에 대해 듣지 못했다. 엠 크루 직원도 그런 현장에서의 노동 경험 유무에 관해 묻지 않았다.

오후 3시 휴식 시간에 모두 담배를 한 대 피우고 있는데 어디선가 이렇게 말하는 소리가 들렸다. "버리지 않고 보관했던 목재가 있었는데 어느 사이엔가 사라져 버렸어. 아마도 아르바이트하는 놈이 그랬겠지." 엠 크루에서 파견 나온 일꾼이 모르고 버렸을 것이라는 말이었다. 현장 경험이 없고 일을 해 나가는 순서와 방법을 모르기 때문에 잘못 버렸을 수도 있다. 그렇지만 누구도 가르쳐 주지 않았다. 나도 무질서하게 세워져 있던, 못 박힌 목재들이 사용할 목재라고는 생각하지 못했다. 일꾼들이 악의를 가지고 있다고 생각하지는 않지만 이러한 것은 당연하다는 듯이 아르바이트하는 사람의 책임이 되고, 이들에게는 "일을 잘 몰라 쓸데가 없다"는 이미지가 고정화된다.

결국 덤프트럭 한 대에 쓰레기를 가득 실은 뒤 그날 작업은 종료되었다. 6시 30분, 임금을 받기 위해 엠 크루 본사로 돌아갔다. 현장에서 받은 거래 회사 사인을 보여 주자 현금 7,200엔을 종이로 싸지도 않은 채 주었다. "어? 이게 전부인가요? 명세서는요?"라고 묻자 가까스로 명세서를 받을 수 있었다.

지시 계통이 확실하지 않다. 모두 처음 만나는 사람이기 때문에 누구에게 무엇을 물어야 좋을지 알 수가 없다. 높은 중개 수수료를 착취당한다. 일을 잘 못한다, 쓸데가 없다면서 무시당한다. 누구도 하고 싶어 하지 않는, 품이 많이 드는 일을 해야 한다. 매일 교체되기 때문에 경력을 쌓을 수 없다. ─ 일용직 파견 근무에는 사람들의 의욕을 없애 버리는 요소가 가득 차 있다. 저임금, 고용 불안정과 함께 이 모든 것이 사람을 힘들게 만든다.

저임금, 위장 도급, 위법 공제

엠 크루에서 소개받은 업무 대부분은 건설 현장에서 일하는 것이었다. 노동자파견법에서 금지하고 있는 업종이기 때문에 엠 크루는 거래 회사와 도급계약을 맺고 있다. '파견'과 '도급'의 최대 차이는 노동 현장에서 업무 수행에 관한 지휘명령을 누가 행하는가에 있다. '파견'의 경우는 파견 요청 회사가 한다. '도급'의 경우 지휘는 도급업자가 한다. 엠 크루에서는 평상시 파견 요청 기업의 지휘에 따라서 작업한다. 즉, 엠 크루의 노동 고용 실태는 '파견'이다. 그런데도 불구하고 파견 금지 업무를 하고 있기 때문에 형식적으로만 도급계약을 맺는다. 전형적인 위장 도급이다.

또한 엠 크루는 매번 일할 때마다 노동자의 임금에서 '안전 협력비'로 100~300엔, '복리 후생비'로 200엔을 공제하고 있다. 일용 파견업의 대표 기업인 풀 캐스트Full Cast와 굿 윌Good Will이 "법적 근거가 없다"고 해서 반환해야 했던 용도 불명의 공제와 같은 것들이다. 풀 캐스트는 250엔, 굿 윌은 200엔이었는데 엠 크루는 최대 500엔으로 그것들을 훨씬 뛰어넘는다. 풀 캐스트는 노동조합의 요구에 응하여 전액 반환할 것을 약속했지만, 굿 윌은 과거 2년분밖에 반환하지 않았다. 그 때문에 최초 일용 파견 노동조합인 굿 윌 유니언 성원들이 전액 반환할 것을 요구했고, 2008년 3월 현재 도쿄 지법에서 계쟁 중이다.

엠 크루가 파견 요청 기업에 제시하고 있는 '도급 기본요금 기준표'에 따르면 엠 크루의 일일 근로 단가는 8시간 노동(휴식 시간을 포함해 총 9시간)으로 1만 1,900엔이다. 이에 반해 노동자의 수중에 들어오는 돈은 7,700엔이다. 중개 수수료는 35.2퍼센트이며 위법적으로 공제한 최대 500엔을 더한다면 41.2퍼센트에 이른다. 엠 크루에서는 주당 약 1,600명을 가동하고 있는데 그 모든 사람에게서 500엔을 공제하고 있다고 치면 그것만으로도 80만 엔이 된다. 연간 임금 약 4,000만 엔이 부당하게 착취되고 있다는 계산이다. 그렇지 않아도 높은 수수료를 착취하고 있으면서 여기에 위법 공제까지 하고 있는 것이다.

교통비도 식비도 자기 부담이기 때문에 그날, 내 지갑에는 5,310엔만 들어왔다. 아침 6시 30분부터 오후 5시까지 총 10시간 30분으로 계산하면, 시간당 505엔이며, 6시 30분에 엠 크루에서 임금을 받기까지 시간을 포함하면 442엔이 된다. 도쿄의 최저임금인 시급 719엔(2007년 기준)을 크게 밑도는 것이다.

엠 크루는 '기숙사'로 '레스트 박스Rest Box'라는 숙박 시설을 운영하고 있다. 나는 거기에서 숙박한 적이 있는데 2단 침대가 늘어서 있는 이 공용 침실 이용료는 1박에 1,880엔이다. 실내 동전 샤워실 사용료가 3분간 100엔이다.(덧붙여 말하면 탈의실은 없으며, 모두가 보는 앞에서 나체가 되어야 한다.) 로커도 없어 개인 물품을 둘 데가 없다. 따라서 바깥에 있는 동전 로커비도 필요하며, 아침 식사비와 저녁 식사비도 필요하다. 결국 이를 모두 지불하면 손에 남는 돈은 하루 1,500~2천 엔이다. 한 달에 22일 일한다고 해도 매일 레스트 박스에서 숙박한다면, 놀지 않고 아무도 만나지 않으면서 살아도 1만 엔 정도밖에 저축할 수 없다. 물론 국민건강보험료나 국민연금보험료를 지불할 여유는 없다.

엠 크루에서 볼 수 있는 노동조건은 "노동을 해도 밥을 먹을 수 없으며, 삶을 유지할 수도 없다"는, 고용 안전망이 붕괴된 모습을 상징한다. 이러한 저임금, 토막 노동을 강제하는 기업을 방치하고, 노동자파견법을 잇따라 규제 완화한 결과 파견, 도급업이 온갖 직종에 만연하고 있으며, 모든 노동조건이 악화되고 있다.


빈곤에서 벗어나지 못하게 만드는 '빈곤 비즈니스'

내가 최초로 엠 크루를 알게 된 것은 '레스트 박스'를 보도했던 신문을 통해서였다(아사히신문 2005년 7월 17일 자). 신문에서는 "1박 1,500엔, 프리타 환영. 37세 사장은 노숙자 출신. '이 곳을 밑바닥으로 삼아'"라는 표제어와 함께 돌아갈 곳 없이 노숙 상태에 있는 프리타들에게 잠자리와 일자리를 제공하는 엠 크루 시스템을 호의적으로 다루었다.

그 기사를 읽었을 때 "마침내 여기까지 왔는가!"라는 생각이 들었다. 이미 그 이전부터 프리타족의 저소득층화가 이야기되어, '격차'라는 단어를 신문에서 빈번하게 볼 수 있었다. 고용이 불안정하게 되고 온전한 생활을 유지할 수 없게 되면 그중 일부는 아파트 집세를 지불하지 못해 노숙자로 전락한다. 홈리스 상태에 처한 프리타가 일정한 규모로 커지게 되면 그것을 대상으로 하는 비즈니스가 생겨난다. 레스트 박스의 탄생은 홈리스 상태가 된 프리타가 사회 내에서 일정 정도 수에 도달했다는 것을 보여 준다.

엠 크루와 같은 시스템은 일용 노동자 사이에서는 오래전부터 알려져 있는 '한바 시스템'과 비슷하다. 일용 노동자를 모집해서 '한바'라고 불리는 기숙사에 숙박시키고 거기에서 공사 현장으로 파견해 육체노동을 시킨다. 위법인 개인 브로커(자유 노무자의 취업 알선 업자인 '수배사')가 역이나 공원을 배회하는 노숙자를 데려오기도 한다. 한바에 일정 기간(15일 정도) 체재하면서 일하는 것은 '출장'이라고 부른다. 그런데 이 시스템은 얼마 안 되는 임금에서 숙박비, 식비를 뺀 후 남은 임금을 지불하지 않기 위해 일이 없이 노는 기간을 억지로 만들고(예를 들어 임금으로 일당 8천 엔을 받는데, 여기에서 숙박비, 식비로 3천 엔을 지불해야 한다고 치자. 그런데 3일 가운데 하루만 일자리를 제공받는다면, 15일 기거하고 5일만 일하게 되는 셈이므로 4만 엔을 벌어도 오히려 회사에 빚 5천 엔을 지게 된다.), 더욱이 주변에 매점 등이 없는 것을 이용해 담배나 술을 매우 비싼 가격에 판매하기도 한다. 더욱 열악한 한바에서는 도망가려고 해도 도망갈 수 없도록 '돈코반'(도주하는 것을 막는 사람이라는 의미에서 도어맨)이 망을 본다. 그렇기 때문에 한바에서 5년, 10년을 살고 있어도 제대로 임금 등을 받은 적이 없다고 말하는 사람이 많다. 이것이 '한바 시스템'이다. 엠 크루에서 시행하고 있는 건설 일용 파견과 레스트 박스 세트는 확실히 그 시스템을 현대적으로 조정한 것에 지나지 않는다.

사장인 마에바시 오사무前橋靖는 저서 《나, 노숙자 사장》(아키 쇼보, 2006년)에서 "승리한 사람은 극히 소수이고 보통 사람과 패배한 사람이 다수를 점하는 사회가 머지않아 온다. 자칫하면 승리한 사람만을 비즈니스 대상으로 생각하기 십상이지만, 패배한 사람을 지원하는 비즈니스야말로 저변이 넓다고 할 수 있다"며, 엠 크루를 '사회적 기업'이라고 선전하고 있다. '사회적 기업'이라고 하는 것은 'Social Venture'를 번역한 것으로, 환경, 복지, 교육 등의 사회적인 문제에 영리기업을 설립해 이윤을 올리고 동시에 사회문제를 개선하고, 해결을 도모하는 새로운 기업형태를 지칭한다. 자신의 이익만을 추구하는 것이 아니라 사회에 대해 책임을 가진 기업이라는 의미이다.

사회적 기업으로서, 집을 잃은 프리타족이 다시 아파트를 빌릴 수 있도록 원조하는 것을 주목적으로 한다면 당연히 중개 수수료는 최저한으로 억제하고, 조금이라도 많은 돈이 일하는 사람의 수중에 남을 수 있게 해야 한다. 저가격화가 진행되는 인재 파견 업계에서 이렇게 기업을 운영하기는 매우 힘든 일이지만, 노동자가 생활을 재건하는 데 '경영 노력'을 기울이는 것이야말로 '사회적 기업'이라는 이름에 어울리는 것이 아닐까?

엠 크루는 그러한 '사회적 기업'이 아니다. 오히려 그것은 홈리스 상태로까지 내몰린 프리타들의 약점을 잡아 그들을 재물로 삼고, '프리타에게 꿈을'이라는 환상으로 호도하는 거짓 간판을 단 상술에 지나지 않는다. 그러한 비즈니스를 나는 '사회적 기업'의 반대쪽에 있는 것으로서 '빈곤 비즈니스'라고 부른다('빈곤 비즈니스'에는 이러한 인재 파견 회사 외에 샐러리맨 금융, 사례금과 보증금을 요구하지 않는 임대주택 등 다양한 것이 있다. 상세한 것은 졸저《빈곤 내습》, 야마부키서점, 2007년 참조).


노동운동과 '반빈곤'

이러한 '빈곤 비즈니스'에 대해 비정규직 노동자 중심의 개인 가입 노동조합인 '파견 유니언'과 '프리타 전국노동조합'의 호소로 2007년 10월 1일, 파견 유니언, 엠 크루 지부(이하 MCU)가 결성되었고 나도 여기에 참가했다. 이를 시작한 사람은 풀 캐스트 유니언과 굿 윌 유니언을 만들어 일용 파견 문제를 사회문제로 이슈화한 파견 유니언 서기장 세키네 슈이치로關根秀一郎였다. 세키네와 나는 MCU를 만들기 위해서 엠 크루에서 일하는 '당사자'가 되었다.

노동운동의 외부자였던 내가 MCU에 참가한 것은 ① 엠 크루가 홈리스 상태로 내몰린 프리타를 대상으로 사업을 전개하고 있다는 점에서 홈리스 문제와 중첩되는 부분이 있다는 점, ② 생활보호를 받는 상황에까지 이르지 않기 위해서는 생활보호 이전의 사회 안전망을 강화할 필요가 있고, 이를 위해서는 "일해도 먹을 수 없는" 상태에 브레이크를 걸도록 고용 안전망을 강화할 필요가 있다는 점, ③ '반빈곤' 운동을 전개하기 위해서는 노동 운동과의 연대가 필수적이라는 점 때문이었다.

MCU와 같은 노동조합은 대기업 정규직 노동자 노동조합과 똑같이 거기에서 일하는 사람들의 노동조건을 향상시키려는 목적을 가지며, 또한 '빈곤 비즈니스'인 파견 회사에 대항함으로써 빈곤 문제에 맞서 싸우는 '반빈곤' 운동으로서의 측면도 지니고 있다. 이것은 노동조합이 원래 조합원의 노동조건을 개선하고 동시에 사회 전체의 이해관계자로서 노동조건 전체의 향상을 도모(적어도 그것을 목적으로 한다.)하는 것과 같은 이치이다.

그러나 빈곤 문제는 오랫동안 노동단체의 관심사가 아니었고, 정규직이 비정규직으로 대체되는 것에 대해서도 노동단체는 제동장치로서 역할을 충분히 수행하지 못했다. 그로 인해 비정규직 노동자가 증가하게 되었고, 조직률도 하락했으며(2006년 추정치에 따르면 18.2퍼센트, 도표 14), 전체 노동자의 노동조건을 유지, 향상시킨다는 노동조합의 존재 의의 그 자체가 논쟁의 대상이 되기까지 했다. 그러나 엠 크루와 같은 '빈곤 비즈니스'에 대항하기 위해서는 노동조합이라는 틀과 힘이 있어야 한다. 개인적으로 이의신청을 해도 회사는 상대해 주지 않기 때문이다. 비정규직 노동자를 방치해 왔던 노동조합은 이제 지금까지의 입장을 바꾸어 고용 안전망을 다시 치는 수선 가게 역할을 함으로써,

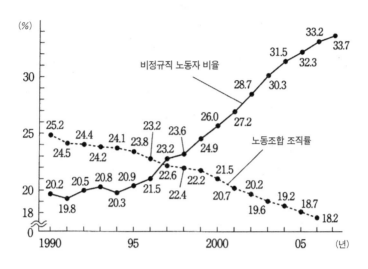

(%)

33.2
33.7
31.5
32.3
28.7    30.3
비정규직 노동자 비율
26.0
27.2
25.2        23.2  23.6
24.4   24.1  23.8            노동조합 조직률
24.5        23.2   24.9
24.2      22.6        21.5
20.2  20.5  20.8  20.9        22.2      20.2
21.5  22.4      20.7      19.2
19.8        20.3        19.6        18.7
18              18.2

0
1990        95        2000        05    (년)

출전 : 후생노동성, 〈노동조합 기초 조사〉, 총무성, 〈노동력 조사 특별위 조사(2월 조사)〉,
〈노동력 조사 상세 결과(1~3월 평균)〉(2002~2007년)

**도표 14** 노동조합 조직률과 비정규직 노동자 비율

노동조합을 포기해 왔던 비정규직 노동자의 입장을 바꾸는 계기를 만들어야 한다. 파견 유니언 등의 비정규직 노동조합은 그러한 의미에서 노동조합 복권의 열쇠를 쥐고 있다고 말할 수 있다.

MCU는 2007년 10월 16일에 회사와 처음으로 단체교섭을 벌였다. 회사 측 대표는 교섭을 시작하자마자 위법 공제를 11월부터 폐지하고, 지금까지 취한 부당이득도 지난 2년 동안에 한해서이기는 하지만 돌려주겠다고 답했다. 우리들은 창업 이래 전 기간에 대한 반환을 요구했고, 교섭은 여전히 진행 중이다.(위장 도급 등에 대해서는 인정하지 않고 있다.) 풀 캐스트나 굿 윌이 반환했던 전례의 영향이 크다고 말할 수 있으며, 불과 몇 명만으로 노동조합을 만들었을 뿐인데 약 8천만 엔에 이르는 반환을 약속해 온 것은 노동조합이 가진 힘을 보여 준 것이었다. 그것은 또한 이도록 긴딘히 인정할 수밖에 없었던 위법행위를 몇 년에 걸쳐 방치해 온 사회의 죄가 무겁다는 것을 보여 준 것이기도 했다.

물론 엠 크루와 같은 '빈곤 비즈니스'가 그렇게 쉽게 마음을 바꿀 리가 없다. 위법 공제를 폐지하는 대신에 이번에는 일일 급료 단가가 7,700엔에서 7,400엔으로 떨어졌다.(이는 2007년 12월 11일에 개정된 취업규칙에 따른 것이다.) 위법 공제로 가져갔던 부당이득을 실질적, 합법적으로 계속 취하려고 하는 것이다. 교섭은 이후에도 계속될 것이다.

### 일용 파견의 구조

엠 크루와 같은 회사가 증가하고 있다. 고용의 분절화와 불안정화가 극단적으로 진행되고 있기 때문이다. 노동자파견법은 1999년, 2003년에 파견 금지 업무를 해제해 나갔다. 일본경단련의 미타라이 후지오御手洗冨士夫 회장은 그래도 현행의 도급법제가 "과도하게 경직되어 있다"고 발언하는 등 한층 더 규제를 완화할 것을 요구하고 있다(아사히신문 2006년 10월 28일 자). '빈곤 비즈니스'를 육성해 온 국가의 책임이 크다.

내가 시부야 노상에서 노숙자 지원 활동을 하던 90년대 말부터 굿 윌에서 파견 노동을 하던 사람이 있었다. 그러나 당시 굿 윌은 이름 없는 하나의 중소기업에 지나지 않았다. 그러던 굿 윌이 파죽지세로 성장해 회장 오리구치 마사히로折口雅博가 일본 경단련 이사가 될 정도의 기업이 된 것은 국가가 일용 파견이 가능한 업종을 점차 확대해 왔기 때문이다.

파견 업종의 규제 완화는 고용의 안정적 확보, 중간 수수료의 상한 설정, 파견 사용 기업의 책임 명확화 등 규제 강화와 함께 진행되어야 하지만 실제로는 그렇게 되지 않았다. 정부는 재계의 요청대로 규제 완화를 진행했을 뿐 노동자들에게 필요한 규제를 시행하지 않았다.

노동자 파견 문제는 나카노 마미가中野麻美《노동 덤핑》(이와나미신서, 2006년)에서 지적하듯이 '노동자의 상거래화' 에 있다. 인재 파견 업자(파견 기업)가 거래처(파견 사용 기업)에 파견한 노동자는 파견 사용 기업에 대해서는 기본적으로 노동자로서의 권리를 갖지 못한다. 파견당한 노동자의 임금은 회사 회계에서 '인건비' 가 아니라 '자재 조달비' 등으로 분류되는데 이것은 파견 노동자의 상황을 잘 나타내 준다. 노동자를 '사람' 으로서가 아닌 '상품' 으로서 취급하는 시스템이 노동자 파견이고, 거기에서 노동자는 창고에 쌓아 둔 재고 물자와 기본적으로 다르지 않다. 그 최종적 형태가 등록형 일용 파견이며 그들에게는 이제 '창고비' 조차 불필요하게 된다.

등록형 일용 파견은 파견 노동의 필연적인 귀결이라고 나는
생각한다.

　예를 들어 제조업 메이커 A사가 신규로 생산한 휴대전화를 1개
월 후에 전국의 점포에 10만 개를 진열하기로 결정한다. 당연히
그 휴대전화를 조립하는 공장과 라인, 작업에 종사하는 노동자
가 대량으로 필요해진다. A사는 이를 위해 인재 파견 회사 B사
에 인원 모집을 타진한다. B사가 그러한 요청에 응하지 않는다
면 타사에 계약을 빼앗겨 경쟁이 심한 인재 파견 업계에서 살아
남을 수 없다. 따라서 단가(노임)를 낮게 책정해도 일을 맡으려고
한다.

　그러나 신규 기종은 예상과 달리 잘 팔리지 않았다. A사는 그
러한 기종을 접고 다른 기종으로 갈아탄다. 현재의 라인을 1개월
후에 철수하기로 결정하면 B사는 파견 노동자를 철수시켜야 한
다. 이 경우 다른 공장으로 전환 배치되는 사람도 있겠지만, 일
자리를 얻지 못하는 사람도 생긴다. 이때 노동자 전원을 고용하
려면 B사의 인건비 비용은 늘어나고 이익은 감소한다. 따라서
일자리를 얻지 못한 사람들을 임금을 지불할 필요가 없는 '대기
상태'로 만들고 싶어 한다. 이를 위해서는 실제로 일하고 있는
동안만 임금을 지급하는 등록형 일일 지급 제도가 최적이다.

　B사가 인재 파견 업계에서 살아남기 위해서는 저가격을 가능
하게 하는 저비용 전략을 취하는 것 말고는 방법이 없다. 등록하
는 사람들에게 불안정하기는 하지만, 그러한 방식이야말로 고용

을 제공할 수 있고 임금을 지급할 수 있는 것이다.

　노동자도 이러한 '파도'에 휩쓸릴 수밖에 없다. 일용 파견 노동으로 생계를 꾸려 가고 있는 사람들 가운데에는 일이 없으면 당장의 생활에 지장을 받는 사람들이 있다. 소개받은 일을 거부하는 선택 사항은 처음부터 존재하지 않는다. 하루 실업과 하루 고용도, 교통비 지출과 저임금도, 서비스 잔업까지도 고맙게 여기며 어떠한 현장이라도 기쁘게 달려가는 편리한 상품으로 행동하지 않는다면 언제 일이 주어질지 알 수 없다. B사에서는 어떤 노동조건이라도 이야기만 하면 바로 날아오는 노동자가 '우량' 노동자이기 때문이다.

　그 결과 일용 파견 노동자는 인간적인 제 권리를 주장하면 일을 얻을 수 없다. 그는 당장의 생존도 보장할 수 없는 상태에 몰리게 된다. 원래 생존을 위한 노동은 인간적인 모든 권리 행사와 양립 가능한 것이어야 한다. 국제노동기구ILO가 '세계 목표'로 내건 '괜찮은 일자리(Decent work, 인간으로서의 존엄이 확보되는 조건에서 노동하는 것)'는 이를 강조한 것이다. 그러나 당장의 생활을 위해 인간적인 모든 권리가 무시되는 지경까지 내몰려 있는 것이 등록형 파견 노동자들의 상태이다. 생존과 노동의 대립은 결국 앞서 이야기했던 생존과 희망/소망의 대립으로 인해 자기 자신에게서의 배제를 낳는다. 노동시장에 정치가 개입하여 강제로 규제하지 않는 한 그렇게 귀결될 것은 명확하다.

　인간적인 모든 권리를 행사할 수 없게 된 일용 파견 노동자에게서 기업은 탐욕적으로 이윤을 추구하고 있다. 갑옷을 벗고 도망가는 빈틈투성이인 상대를 검으로 찌르듯이, 그러한 고용 형태는 노동기준법을 쉽게 위반하는 여러 가지 부산물들을 만들어왔다. '데이터 장비비', '안전 협력비' 명목으로 한 위법 공제는 그중 으뜸가는 것이다.

최악의 고용 상태가 주변에 만연하면 할수록 보다 안정된 고용 기반도 붕괴한다. "자신만큼은 안전할 수 있다고 생각하지 마!"라는 위협이 현실화되고 있기 때문이다. 고용 안전망의 붕괴에 제동을 걸지 않으면 안 된다.


## 2. 상호부조 기구를 만들다 – 반빈곤 연대 네트워크

### 노동과 빈곤

2007년 11월 22일, 도쿄 롯본기의 클럽에서 '빵과 장미'라는 이벤트가 개최되었다. 주최는 반빈곤 연대 네트워크(이하 연대넷)였다. 수도권 청년 유니언이라는 청년들을 중심으로 하는 개인 가맹 노동조합의 서기장 가와조에 마코토河添誠와 내가 대변인이 되어 발족시킨 단체였다. 이 행사에는 여당과 야당 국회의원을 포함해 200여 명이 참가했다. 클럽은 사람들로 후끈거려 숨이 막힐 지경이었다. 청년 워킹푸어 문제에 대한 관심이 높다는 것을 엿볼 수 있었다.

'연대넷'의 활동 내용은 ① 고용과 생활에 관한 메일 매거진 발행, ② 워킹푸어의 상호부조제도 발족, ③ 전문적인 노동, 생활 상담 중개 역할, ④ 청년들의 안식처 마련이라는 4가지이다. 핵심을 이루는 것은 ② 상호부조제도이다.

상호부조제도에는 두 종류가 있다. 병이나 부상으로 수입이 끊겼을 때를 대비한 '휴업 연대금'과 생활이 곤란할 때 무이자로 대출할 수 있는 '생활 연대금'이 그것이다. '연대넷'은 노동조합의 형식을 채택하고 있는데, 조합원은 매월 300엔의 조합비를 내면 하루 1천 엔씩 10일분까지 '휴업 연대금'과 '생활 연대금' 1만 엔을 각각 연 1회 받을 수 있다.(6개월 조합비를 납입해야 자격이 생긴다.) 조합비는 수입과 여력에 따라 월 300엔, 600엔, 900엔과 같이 300엔 단위로 선택할 수 있는데, 매달 600엔을 납입하면 각각 2만 엔, 900엔이라면 3만 엔을 받을 수 있다.

조합원은 주 1회 발행하는 메일 매거진을 통해 노동과 생활에 관한 정보를 얻으면서 필요에 따라 '연대금'을 활용한다. '연대금'을 받으려면 우선 노동, 생활 관련 면담을 하고, 이후 필요하다면 본격적인 상담을 받는다. 또한 조합에서는 회사와 단체교섭을 벌이거나 생활보호 신청을 돕는 등 문제 해결에도 나선다. 동시에 안식처 만들기를 통해 성원 간의 교류와 정보 교환도 촉진한다.

우리들이 이러한 활동에 착수한 데에는 다음과 같은 배경이 있다.

'연대넷'의 원형을 구상한 것은 가와조에였다. 계기는 노동 상담을 받은 모자 가정의 고교생에게서 "조합비를 낼 정도의 돈이 있다면 생활비로 쓰고 싶다"고 들었기 때문이라고 한다(가와조에 마코토, 유아사 마코토 대담, 〈'반빈곤'을 축으로 한 운동을 - 희망은 연대〉, 이와나미서점, 《세카이》, 2008년 2월 호). 또한 가와조에에게서는 노동쟁의에 결부되는 피해를 받았지만 쟁의 해결까지 생활비가 없다거나 단체교섭에 참가하고 싶지만 교통비가 없다고 말하는 조합원이 적지 않다는 것도 자주 들었다.

노동문제에 관한 활동과 생활(복지) 문제에 관한 활동은 오랫동안 유기적인 관계를 상실해 왔지만, 빈곤화가 진행되는 가운데 생활 문제를 포함하는 노동 상담, 노동문제를 포함하는 생활 상담이 계속 증가하고 있다.

수도권 청년 유니언에서 소개를 받아 '모야이'를 찾은 상담자 중에는 임금 미지급 문제로 회사와 교섭을 시작한 뒤, 새로운 취직자리를 찾기는 했지만 처음 급료가 나올 때까지 생활비가 없어 생활 상담을 받으러 온 30대 여성 등이 있었다. 또한 파견 노동이 금지되어 있는 항만 운송 업무에 노동자를 파견한 것 때문에 2008년 1월부터 굿 윌에 대한 업무 정지 명령이 내려졌는데, 업무 정지 결과로 생활보호 신청을 해야만 하는 노동자가 발생할 경우 '모야이'를 소개해도 되느냐고 파견 유니언의 세키네가 타진해 왔다. 비슷하게 비정규직 노동자를 중심으로 한 개인 가

172

입 프리타 전국노동조합에서는, 가끔 주소 불명 상태인 조합원과 정신적 질환을 앓아 일하는 것이 불편한 조합원의 생활 상담이 들어왔다.

'비정규직 노동자의 조직화'라는 최근의 노동조합 내셔널 센터(연합, 전노련 등)의 주요 주제에 진정으로 몰두한다면 노동문제와 생활 문제의 제휴 필요성은 부정할 수 없다. "조직하고 싶다"고 말하는 노동자에게, 실제로 생활이 곤란한 순간에 지원할 수 없는 조합이라면 그 존재 의의를 인정할 수 없는 것이다. 일하고 있는데도 빈곤한 사람이 증가하고, 노동 가능 연령층에서 빈곤이 확대되고 있는 이상 그것은 필연적인 것이다. 2007년 10월에 '연합·비정규직 노동 센터'가 발족한 것은, 양자의 연대를 촉진하는 본격적인 계기가 될 것으로 평가할 수 있다. 가능하다면 조직의 틀에 얽매이지 않은 광범위한 연대가 구축되었으면 한다.


자조 노력의 과잉

'연대금'을 구체적으로 설계하기 위해 지금까지 생활 곤궁자를 지원하는 과정에서 얻은 경험을 동원했다. 병이나 부상으로 인해 휴직하게 되었음을 입증하려면 보통은 의료 기관 영수증을 제시해야 하지만 적지 않은 사람들이 애당초 병원에 가지 못하는 상황에서 이러한 방식은 이용 희망자를 배제하는 결과를 낳을 수 있다. 우리의 제도는 '가능한 한 지급하려는' 보험이다. 따라서 약국 영수증만 제시해도 지원받을 수 있게 했다. 신분증 확인 수속 등도 필요 없다. 이러다 보니 "이렇게 허술하게 하면 곧 문제가 발생할 것"이라는 운영상의 우려와 "한 사람이라도 더 많은 사람이 이용힐 수 있는 시스템"을 만들고자 하는 욕구, 즉 장벽을 낮추어 사회적 필요에 대응하고자 하는 욕구 사이에서 심각하게 고민을 해야 했다.

그러나 아무리 장벽을 낮춘다고 해도 절대로 생략할 수 없다고 생각한 것이 '연대금'을 전달할 때 하는 면담이었다. 병으로 누워 있는 사람에게 "사무실까지 오라"고 말할 수는 없기 때문에 사후에 해도 가능한 것으로 했지만 역시 대면 기회를 확보하고 싶었다. 이렇게 면담하는 것은 '무임 승차자를 막는' 것 이상의 의미가 있다.

"돈을 낸 사람만이 지원금을 받을 수 있다"는 자기 책임 원칙이 강고하게 내면화되어 버린 현재, "도움을 요청한다"는 것에 다수의 사람들이 저항감을 가지고 있다. 따라서 많은 사람들은 정말로 어쩔 도리가 없게 될 때까지 혼자서 애쓴다. 결과적으로 여기에 올 때에는 문제가 이미 상당히 심각한 상태인 경우가 적지 않다. 그것은 일반적으로 상정되고 있는 것과는 달리 '자조 노력 결여'가 아니라 '자조 노력 과잉'이 만연해 있음을 보여 주는 것이다. 가진 돈이 100엔, 10엔이 되기 전에 편히 갈 수 있다고 생각되는 장소가 있다면 조금이라도 일찍 상담하러 올 수 있을 것이고 지원하기도 쉽다. 그런데 "상담을 하고 싶지만 교통비가 없다"고 말하는 지경에까지 이른 사람들이 너무 많다.

이때 "돈을 냈기 때문에 지원금을 받아도 좋다"는 심리적인 기제가 작동해야 접근에 대한 거부감을 크게 낮출 수 있다. '연대금'의 경우에 수급자는 돈을 계속 납입한 결과로서 그 수급 자격을 획득한다. 이러한 구조의 장점은 사람들이 '자조 노력 과잉'으로 심각한 상태에 이르기 전에 '연대금'과 상담 서비스에 접근할 수 있다는 것이다. 생활보호 신청에는 많은 사람이 저항감을 가지고 있어도 실업 급여를 받는 것은 주저하지 않는다는 이야기를 들은 적이 있다. 이 점에 착안하여 본래는 타당하지 않은 '자조 노력 과잉'을 반대로 이용한 지원 방법을 생각해도 좋다. 거기에 더해 상호부조제도와 정보 제공을 통해 사람들과 접하는 기회를 많이 만들어 줌으로써 심리적인 장애물을 낮추어야 한다.

'연대금'을 받을 때에는 상담을 해야 한다. 한편 '연대금'은 휴업 및 생활 양쪽 모두를 이용해도 2만 엔이다. 급한 경우는 그 금액으로도 버틸 수 있겠지만 독감으로 몸이 아파 쉰 이후 일을 찾지 못한 경우 등을 생각하면 생활을 재건할 정도의 금액은 아니다. 이것은 우리들의 활동 규모가 작기 때문에 발생하는 한계이다. 그러나 연대금을 사용한 이후 전망이 보이지 않을 때에 생활보호를 받게 해 줄 수 있다면 심각한 상황은 피할 수 있다. 그러기 위해서는 당사자를 '설득'하는 것이 필요하다. 대다수 사람들은 "관청 신세를 지고 싶어 하지 않기" 때문이다. 연대금을 통해서 이와 같이 본격적인 생활 재건으로 나아갈 수 있다면 연대금이 "달군 불에 뿌리는 물" 정도로 적다고 해도 그 금액 이상의 의미를 가질 수 있다.

자조 노력 과잉이라는 현실을 인식해 그로 인해 일하는 빈곤층이 어려움에 빠지지 않도록 상호부조제도를 만들고 그것이 본격적인 생활 재건의 계기가 되는 구조를 만드는 것, 그것이 연대넷의 중요한 목적 중 하나이다. 그것은 동시에 "어쩔 수 없게 될 때까지는 접근하지 않고, 무엇을 할 수 있게 되면 떠난다"는 개인 가맹 노동조합과 NPO의 저변을 확대해 보다 많은 사람들이 자신의 문제를 사회적인 문제로 다시 파악하는 기회를 제공할 것이다. 시작한 지 얼마 안 되는 새로운 조직이지만 "연대할 수 없을 것이다"라는 말을 듣는 청년 워킹푸어가 서로를 지원하는 시도로서 향후 더욱 확대되어 갈 것이라고 생각한다.


사회보험이라는 안전망에 대응하는 시도

2007년에 사회적으로 주목을 받은 '반빈곤' 운동은 고용과 공적부조에 관한 것이 많았다. 굿 월을 비롯한 일용 파견 회사에 대한 대응(MCU도 그것에 포함됨)과 기타큐슈 시를 시작으로 한 생활보호 행정에 대한 대응(다음 절 참조)이 그것이다. 이 다양한 활동들은 아직 미미한 성과밖에 거두지 못했지만, 그것만으로도 많은 보도와 여론의 후원이 있었다. 그 결과 굿 월의 위법 공제 장비비 반환(2년 치), 기타큐슈 시 생활보호 행정의 반성과 전환, 생활보호 기준 인하 계획 1년 보류 등의 결과를 이끌어 낼 수 있었다.

다른 한편으로, 이들 중간에 위치하는 사회보험은 초점화되는 방식이 달랐다. '사라진 연금', '국민건강보험료 체납' 등 여러 문제는 주요 사회문제로서 주목받았지만, 이는 정부의 잘못, 사람들의 도덕적 해이가 빚은 결과라는 해석이 지배적이었고, 배후에 있는 빈곤 문제를 부각시키지는 못했다. 그 때문에 감독관청의 민영화(사회보험청 해체)와 자기 책임론(납부한 사람이 받지 않고 있다. 납부하지 않은 사람이 받고 있는 것은 이상하다.)의 강화로 귀결되고 있는 듯하다. '반빈곤'의 입장에서 보면 생활고에 의해 사회보험이라는 안전망에서 배제되고 있는 사람들의 실태는 여전히 문제가 되고 있지 않다.

일을 쉬면 보수를 지급받지 못하는 비정규직 노동자와 실업급여와 건강보험에서 모두 배제되어 의료 혜택도 받지 못하고, 먹는 둥 마는 둥 하는 상태에 처한 사람들이 증가하고 있다. 전국의 많은 사회복지협의회에서는 그러한 경우에 연대보증인 없이 빌릴 수 있는 '긴급 소액 대출 제도'를 운영하고 있지만 실제로는 신청 요건이 엄격해 이용할 수 있는 사람이 많지 않다.(전국 사회복지협의회, 〈헤이세이 18년 생활 복지 자금 대출 제도 운영 통계〉에 따르면 2006년에는 전국적으로 1,174건, 약 5,500만 엔으로 2003년

첫 해의 53.5퍼센트에도 미치지 못했다.) 결국 사람들이 구할 수 있는 것은 샐러리맨 금융과 신용카드 대출이기 때문에 다중 채무자는 증가한다.

'연대넷'의 상호부조제도는 그러한 상황에 문제를 제기한다. 우선은 현상에 대한 대응 방안으로서 스스로 상호부조제도를 만들어 스스로를 지키기 위한 것이지만 더 나아가 사람들이 왜 실업 급여를 받지 못하는가, 왜 부상, 질병 수당을 받지 못하는가, 왜 긴급 생활 자금을 지원하는 주체가 샐러리맨 금융('빈곤 비즈니스')밖에 없는가를 다시 문제화함으로써 사회보험이라는 안전망의 부실한 면에 스포트라이트를 비추려고 한다.

노동 분야와 생활(복지) 분야의 제휴가 사회보험에 초점을 맞추게 된 것은 필연적이다. 우리들 자신은 기획 당시에는 의식하지 못했지만 일용직 고용보험이 일용 파견 노동자의 생활 안정에 불가결한 것처럼 사회보험은 노동문제와 밀접한 관련을 갖는 동시에 생활보호에 이르지 못하도록 막는 방파제적, 예방적 역할을 담당하고 있다. 복지국가는 3중의 사회 안전망이 보완적으로 작동하여 빈곤화를 막는 국가이다. 노동과 생활(복지)의 관점을 중첩시켜 빈곤을 보면 그 둘이 잘 접합하지 못한 핵심적인 이유가 바로 사회보험에 있었다는 것을 알 수 있다.

'연대넷'의 '연대금'과 '모야이'의 연대보증인 제공과 같은 상호부조제도는 사회적으로 필요한 것인 만큼 행정을 보완하는 역할을 하기 쉽다. 그런데 이러한 상호부조제도('아름다운 연대')

가 자주 공적 책임(공적 부조)의 부재를 정당화하기 위해 '활용'되는 경향이 있다. 그러나 우리의 제도는 공적 책임의 부재를 정당화하는 것이 절대 아니다. 우리들은 "우리들도 할 수 있는 일을 왜 정부가 하지 않는가?"라고 항상 따져 묻고 있다.


## 3. 움직이기 시작한 법률가들

### 기타큐슈 시에 대한 고발장

2007년 8월 24일, 나는 기타큐슈 시에 있었다. 8월 6일에 법률가(변호사, 법무사)가 중심이 되어 발족한 생활보호 문제 대책 전국 회의(이하 '생보대책회의')의 구성원들과 함께 후쿠오카 지역 검찰청 고쿠라 지부에 고발장을 제출하기 위해서였다. 피고소인은 고쿠라기타 복지사무소 소장이었다. "주먹밥을 먹고 싶다"는 일기를 남기고, 7월 10일에 시신으로 발견된 52세 남성의 아사 사건이 '보호 책임자 유기 치사죄'에 해당한다는 이유였다. 고발인은 364인, 4단체(나중에 추가되어 총 680인)였다.

고발이 갑작스럽게 행해진 것은 아니다. 2005년 1월과 2006년 5월 2건의 아사 사건을 검증하는 '기타큐슈 시 생활보호 행정 검증 위원회' 개최 기간 중에 발각된 이 새로운 아사 사건에는 생활보호 사퇴서 제출 강요, 생계 가능 여부 확인 없이 행해진 생활보호 폐지 등 여러 가지 의심스러운 점들이 있었다. 그럼에도 불구하고 기타하시 시장은 정례 기자회견에서 "보호 개시에서 종료까지의 과정에서 근본적인 문제는 없었다"고 말하는 등(요미우리신문 2007년 7월 19일 자), 기타큐슈 시 스스로 시정하리라고 기대를 할 수가 없었다. 우리들은 7월 26일에 장애인 단체 및 비정규직 노동조합과 함께 공개 질의서를 기타큐슈 시 및 후생노동성 사회원호국 보호과에 제출했지만, 회답 기간이 지나도 아무런 답을 받지 못했다. 후생노동성의 경우는 제출 시부터 "회답을 할지 안 할지 모르겠다"는 태도를 보였다. 그런 상태에서 진상 규명은 도저히 바랄 수 없었다.

그 이후 몇 가지 문제점들이 속속 밝혀졌다. 기타큐슈 시는 당초 "들은 바 없다", "몰랐다"고 진술했지만 2006년 히로시마 고등재판소 판결(비록 사퇴서가 제출되었다고 해도 수입 등을 조사하지 않고 생활보호를 폐지한 것은 불법이라고 판결)을 실제로는 알고 있었다. 또한 경미한 노동은 가능하다는 소견을 냈다던 주치의가 "경미한 노동이라면 가능하다고 말한 적이 없다"고 이의를 제기하기도 했다. 기타큐슈 시가 반격하기 위해 실시한, 시민 3천 명을 대상으로 한 조사에서도 생활보호 행정 운영 시 중요하게 지켜야 할 점에 대해 "보호 급여를 필요로 하는 사람에게 급여 누락이 없도록 해야 한다"고 답한 사람이 60.2퍼센트(복수 응답 가능)였고, 시의 생활보호 행정에 대한 이미지를 묻는 질문에는 "신뢰하지 않는다"가 20.2퍼센트, 여기에 "다소 신뢰하기 어렵다"를 더하면 부정적이라는 답변이 68퍼센트에 이른다(니시닛폰 신문 2007년 10월 3일 자).

그 결과, 위에서 이야기했던 시 검증 위원회는 12월에 보고서를 제출해 기타큐슈 시의 생활보호 행정 방식은 '부적절'하다는 판단을 내렸다. 기타큐슈 시도 후생노동성의 지도를 받는 형태로 사퇴서의 운용을 재검토하고, 수치 목표 설정(연초에 연간 생활보호 개시 및 폐지 건수를 정하여 '목표'로 삼는 것)도 폐지하기로 결정했다.


오사카, 하마마쓰, 가이즈카 사례

기타큐슈 시에 대해 형사 고발을 한 지 1주일 후에 오사카에서 '생보대책회의' 사무국장을 맡고 있던 고쿠보 테쓰로小久保哲郎 변호사 등이 기자회견을 열었다. 그들은 고액 집세를 내고 있다는 이유로 생활보호 신청을 하지 못하게 했던 오사카 시 니시요도가와 구 복지사무소 직원의 발언을 녹음해 공개했다. 직원은 신청하고 싶다고 하는 상담자에게 이렇게 말하면서 신청을 하지 못하게 했다. "신청해도 기각될 거예요. 보호받을 자격 요건에 해당되지 않아요. 그런데도 서류를 만들어 내는 헛일을 하려고 하면 그건 당신 권리니 말리지는 않겠어요. 다만 무의미하다는 점을 말씀드립니다."

그러나 실제로 생활보호를 신청한 후 그 상담자는 생활보호를 받을 수 있었다. "기각된다", "헛일이다", "무의미하다"고 반복했던 것은 단순히 신청하지 못하게 하기 위한 거짓 협박에 불과했던 것이다. 그에 대해 오사카 시는 10월 1일에 "상담자가 신청서 교부를 요구하는데도 불구하고 '신청해도 기각될 것이다', '헛일이다', '무의미하다'고 대응한 것은 부적절했다"면서 자신들의 잘못을 인정했다. 게다가 그런 대응을 한 직원은 보호비를 착복한 것이 나중에 밝혀져 면직 처분을 받았다(산케이신문 웹판 2008년 1월 11일 자).

그 후 11월 22일에는 70세 노숙인 여성이 하마마쓰 시청 현관에서 복지사무소 직원들이 보는 가운데 심장과 폐가 멎어 그 다음 날 사망하는 사건이 발생했다. 하마마쓰 역 지하도에 쓰러져 있는 한 여성을 발견한 경찰관이 구급차를 불렀을 때 그 여성은 "나흘 동안 식사를 하지 못했다", "밥이 먹고 싶다"고 말했다고 한다. 그 여성이 아프다는 것을 인식하지 못했기 때문에 구급차는 그 여성을 시청 입구로 옮겼는데, 복지사무소 직원들은 비상용 건조 쌀을 입구 옆 거리에 누워 있는 여성에게 주고 대응 방침을 결정하지 못한 채 그대로 방치했다. 약 1시간 후 노숙자 지원 단체 회원이 우연히 그곳을 지나치다가 구급차를 불렀지만 때는 이미 늦었다(마이니치신문 2008년 1월 16일 자, 31일 자).

하마마쓰 시가 이 사건에 대해서 내부적으로 검증하였으나 법령 위반은 없었던 것으로 결론을 내리고, 시 간부가 "유감스러운 결과이지만 시의 잘못은 없습니다"라고 진술했다(전술한 마이니치신문). 그러나 경찰관 → 구급대 → 시 직원 간에 노숙자를 주고받은 경위와 사실관계, 그리고 배경이 된 하마마쓰 시의 노숙자 대상 생활보호 운용 정책에는 해명해야 할 문제점들이 있다. '생보대책회의'는 현지의 법률가들과 제휴하면서 2월 말에 현지 조사를 벌였고 진상 규명과 제3자 검증 위원회 설치를 요구하는 집회도 열었다.

2007년 12월에는 오사카 부 가이즈카 시에서 생활보호 운용에 관한 위법행위가 잇따라 발견되었다. 오사카 부 최대 규모의 부영 주택을 가지고 있는 가이즈카 시는 2005년부터 "생활보호 수급자의 전입을 제한하고 싶다"고 오사카 부에 요청해 입주 모집 방법을 바꾸어 버렸다. 수급자를 시외로 '쫓아 버리기' 위해 47세 여성의 입주 신청서를 직원이 마음대로 작성해서 응모하기도 했다. 또한 저소득자 대상 감액 제도를 이용해서 집세 4천 엔을 내고 있던 72세 남성에게 "4천 엔 정도는 스스로 낼 수 없습니까?"라고 말한 후 남성의 동의를 받지 않고 급여를 일방적으로 끊어 버렸다(마이니치신문 2007년 12월 7일, 11일 자).

일설에 따르면 '오사카의 기타큐슈' 등으로 불리기 시작한 가이즈카 시에서는 2005년부터 생활보호 세대수가 감소하기 시작했고, 이외에도 위법행위를 저질렀을 가능성이 있었다. '생보대책회의'에서는 여기에서도 생활보호 신청을 지원하는 긴키 지방 생활보호 지원 법률가 네트워크 등과 합동으로 가이즈카 시 생활보호 문제 조사단을 꾸려 2008년 2월에 조사 및 신청 동행 지원을 실시했다.

공적부조(생활보호)라는 사회 안전망을 강화하기 위해 법률가가 나서고 있다. 생활보호와 관련된 문제가 생기는 경우에는 '생보대책회의'와 같은 조직이 있다는 분위기가 형성되기 시작했다.


## 법률가와 '반빈곤'

법률가들이 생활보호 문제에 관여하기 시작한 것은 최근 일이 아니다. '인간 재판'이라고 불린 1957년 아사히 소송(일본 헌법 25조에 나와 있는 "건강하고 문화적인 생활"에 대한 규정을 어떻게 이해해야 할 것인지에 대한 내용이 쟁점이 된 소송으로 생존권과 직접적으로 연관되어 있다. 아사히 소송의 중요한 쟁점은 4가지로 압축된다. 첫째, 일본 헌법 제25조를 어떻게 이해하는가? 둘째, 일본 헌법 제25조와 관련하여 생활보호법의 생활보호청구권을 어떻게 이해하는가? 셋째, 후생성 장관이 결정하기로 되어 있는 생활보호 기준, 즉 다시 말하면 최저생활비의 산출 근거가 무엇인가? 넷째, 이 기준에 대해 사법심사권은 어떻게 실현되는가? – 옮긴이) 때부터, 법률가들은 생활보호 문제에 주로 소송을 통해 관여해 왔다. 그러나 그것이 '소송'이라는 법률가의 전문 영역을 넘어 생활보호 신청 지원이라는 보다 일상적인 권리 옹호의 영역으로 이동하게 된 것은 최근 일이다. 내가 관여하고 있는 홈리스 문제에서 그것은 다음과 같은 경위로 시작되었다.

'모야이' 활동에서 도출된 과제 중 하나로 아파트 입주 후의 대출금 정리 문제가 있다. '모야이'에서 연대보증인을 제공받은 사람들이 아파트에 입주하고 주민등록을 하게 되면 홈리스 상태 (주소 부정 상태)에서 벗어나게 된다. 그러나 주민등록을 하고자 할 때 직면하는 문제들이 있는데, 그중 하나가 대출금 문제이다.

홈리스 상태에 있던 사람들 가운데 대출금 문제를 안고 있는 사람들이 있다. 이는 5중의 배제를 받은 끝에 빈곤 상태에 떨어졌지만 노숙은 하고 싶지 않아 발버둥 친 결과이다. 샐러리맨 금융 등 신용 대출 업자에게서 받은 대출금은 마지막으로 변제한 후 5년이 경과하면 시효가 만료된다. 그러나 길거리에서 노숙하는 많은 사람들은 그러한 사실을 알지 못한다. 또한 샐러리맨 금융이 설정하고 있는 25~29퍼센트라는 고금리가 위법이고, 이자 제한법을 초과한 부분은 돌려줄 필요가 없는 돈이므로, '과다하게' 지불한 돈은 경우에 따라 돌려받을 수 있다는 사실도 모르는 경우가 비일비재하다. 그런데 이들이 아파트 입주 후에 주민등록을 하고 나면 10년 전, 20년 전에 받았던 대출금 독촉장이 날아오게 되는데, 시효 만료가 있다는 것을 모르고 채무를 승인해 버리는 경우가 발생한다.

이러한 문제에는 법률가에 의한 전문적 대응이 필요하다. 2002년 가을 홈리스를 위한 법률 지원에 관심을 가진 법률가들(변호사, 법무사)이 모여 홈리스 종합 상담 네트워크(이하 '종합상담')를 발족시켰다. 이후 길거리와 시설 등에서 홈리스 상태에 있는 사람, 과거에 홈리스 상태에 있었던 사람들을 대상으로 도내 각지에서 무료 법률 상담회를 개최했고 지금까지 약 2천 건의 상담을 해 왔다.

'종합상담'에는 '사법 서비스 부족 문제' (인구수가 적은 지역과 낙도 지역에서 법률 서비스가 불충분한 현상)에 집중하던 법률가들이 많이 참가하고 있다. 홈리스 상태에 있는 사람들의 법률문제는 '도시 내에서의 사법 서비스 부족 문제'이기 때문이다.

대표 격인 고칸 가즈히로後閑一博 법무사는 존 그리샴의《거리의 변호사》에 등장하는 홈리스를 지원하는 법률가, 모디카이 그린을 방불케 하는 인물이다. 길거리에서 생활하는 상태를 해소하지 않으면 대출금 해결도 어렵다는 '빈곤으로 인한 다중 채무'가 안고 있는 문제에 일찍부터 주목해서 오사카의 고쿠보 테쓰로 변호사와 나란히 생활보호 신청 법률 지원을 선도적으로 전개하고 있다. '화해'라는 이름 아래 당사자에게 순응과 아량을 강요하는 타협을 거부하기 때문에 어떤 복지사무소 직원들은 그를 매우 싫어하지만 시간을 아끼지 않고 활동하면서도 항상 즐거워하기 때문에 우리들에게는 마음을 든든하게 해 주는 아군이다.

모디카이 그린은 소설 속 인물이지만 미국에서는 당사자의 권리 옹호에 전문적으로 종사하는 법률가들이 실제로 존재한다. 앞에서 이야기한 시플러의 책《워킹푸어》에는 여러 변호사를 고

186

용하는 홈리스 의료 센터 소아과 배리 주커만 의사가 등장해서 다음과 같이 진술한다.

"나는 의사에게 지급해야 할 인건비를 변호사에게 사용하고 있습니다. (중략) 그는 진심으로 환자의 치료를 생각하고 있기 때문입니다. 그러한 환경(식료품 티켓과 생활보호 수표를 환자의 가족에게 확보해 주지 않으면 아이들의 영양실조를 해결할 수 없다. 아이들의 거주를 개선하지 않고서는 그 아이의 천식을 완벽히 치료하는 것이 불가능하다. - 글쓴이) 때문에 변호사에게 환자의 어려움을 보여 줄 필요가 있습니다."

법률가는 일반적으로 우리들 시민에게는 우리와 다른 존재, 좀처럼 만날 기회가 없는 존재였다. 그러나 빈곤이 확대되고, 다양한 서비스에서 배제된 사람들이 증가하면서 일본에서도 일상적인 권리 옹호를 주요 활동으로 하는 법률가에 대한 기대가 높아지고 있다. 노동과 생활보호 두 분야 모두 현장에서 명백히 위법한 행위들이 적지 않게 저질러지고 있다. 위법행위를 지적하고, 그것을 법적으로 다투는 직능을 가진 법률 전문가는 여러 사정으로 인해 소송이라는 수단을 쓰지 못했던 사람들의 권리 옹호를 위해 중요한 역할을 할 수 있다. '미끄럼틀 사회'에 제동을 거는 '반빈곤' 활동을 전개하는 데 법률가가 참가하는 의의가 매우 크다.

일본변호사연합회 인권 옹호 대회

'종합상담'은 그 후 홈리스를 지원하는 각지의 법률가들과 함께 정기적으로 의견과 정보를 교환하는 동시에 홈리스를 강제로 배척하는 각지 행정에 대해 합동으로 경고장을 제출하는 연대 활동을 전개했다. 이로 인해 전국 각지에서 서서히 새로운 홈리스 지원 법률가 그룹이 생겨나는 등 저변이 확대되고 있다. 2008년 1월 14일에는 '홈리스 법적 지원자 교류회'가 결성되어 단일 단체로서 홈리스 문제에 더욱 조직적으로 개입하려 하고 있다. 그 활동은 노숙자들의 권리 옹호와 그것에 불가결한 생활보호 신청 지원, 이 두 가지를 양대 축으로 삼고 있다.

법률가, 특히 변호사들의 '반빈곤' 활동 강화와 관련해서는 2006년 10월에 홋카이도 구시로 시에서 있었던 일본변호사연합회(이하 '일변연')가 주최한 '제49회 인권 옹호 대회'를 빼놓을 수 없다. 그 대회에서 일변연은 전후 최초로 생존권 보장 문제를 중심 주제로 선택해서 "지금까지 생활보호 신청, 홈리스 문제 등 생활 곤궁자 지원 분야에서 변호사 및 변호사회의 개입은 불충분했다"고 반성하고, "이제부터 (중략) 보다 많은 변호사가 이 문제에 관여할 수 있도록 실천 활동을 강화하고, 생활 곤궁자 지원에 전력을 기울이자"고 결의했다. 이후 생활보호 문제를 포함하여 빈곤 문제에 대한 변호사들의 활동이 비약적으로 확대되고 있다.

인권 옹호 대회의 최대 의의는 대회 그 자체라기보다 대회를 조직하는 과정에 있었다. 일변연에서는 생활보호 문제에 개입해 온 인권 옹호 위원회와 크레딧, 샐러리맨 금융 문제에 개입해 온 소비자 문제 대책 위원회가 합동으로 대회 실행 위원회를 구성했다. 따라서 주로 재판을 통해서 생활보호 행정을 개선해 온 사람들과 "돈을 빌린 쪽이 나쁘다"라는 다중 채무의 자기 책임론을 30년에 걸쳐 극복하면서 수차례의 입법 운동을 성공적으로 전개해 온 사람들의 경험과 노하우가 상호 교류하게 되었다. 이후 변호사들은 '생활보호 전화 110' 등을 열어 온 법무사들(주로 전국 청년 법무사 협의회 회원)과 함께 '반빈곤' 운동의 주요 주체 중 하나가 되었다.


개별 대응과 사회적 문제 제기

인권 옹호 대회를 담당한 실행 위원회가 그 후 일변연 내에서 생활보호 문제 대책 긴급 위원회를 꾸림으로써 변호사회가 생활보호 문제에 조직적으로 개입하기 시작했다. 동시에 생활보호 문제와 크레딧, 샐러리맨 금융 문제에 대응하는 법률가들이 각지에서 다양한 '반빈곤' 활동을 전개하고 있다.

2007년 4월에는 수도권 생활보호 지원 법률가 네트워크가 발족했다. 이 기구는 대표전화를 설치하고 생활보호 신청 시 지원을 원하는 전화가 들어오면 신청자 근처에 있는 법률가를 소개시켜 주고 그 법률가로 하여금 지원을 하게 하는 상설 상담 기관이다. 그때까지도 일회성 전화 상담회가 법률가들에 의해 있어 왔지만 생활보호 문제에 관한 법률가의 활동으로서 항상적인 상담 기관을 개설한 것은 이것이 전국 최초였다.

그 이후 2007년 9월부터 2008년 1월에 걸쳐서 규슈, 오키나와, 긴키, 도호쿠, 시즈오카, 도카이 지방에서 동일한 네트워크가 속속 탄생했다(2008년 4월에는 야마나시 현에서도 발족할 예정). 머지않아 전국 어디에서도 법률가로부터 생활보호 신청 지원을 받을 수 있는 상황이 만들어질 것으로 기대된다.

다른 한편 생활보호 문제에는 개별적인 '생활보호 신청 저지 압력'을 타파하는 것만으로는 해결할 수 없는 측면이 있다. '생활보호 신청 저지 압력이 횡행하는 배경에는 생활보호가 주는 부정적인 이미지가 사회에 스며들어 있기 때문이다. 그것은 "나는 생활보호를 받으면서 파친코만 하고 있는 녀석을 알고 있다"는 이야기부터, 생활보호라고 말하면 부정 수급, 폭력단이라는 언더그라운드적 이미지, 생활보호 수급자는 세금을 내지 않는데도 최저임금으로 일하는 워킹푸어와 연금 생활자보다도 소득이 높은 것은 이상하다는 '불평등감', 생활보호를 받는 인간은 '2등 시민'이라는 차별 의식까지 매우 다양하다. 이러한 '시민 감정'을 배경으로 정부는 생활보호비의 축소를 계획하고 있고 그것이 현장의 생활보호비 축소로 반영되어 '생활보호 신청 저지 압력'을 가져오는 악순환이 생겨나고 있다.

따라서 최후의 사회 안전망인 생활보호제도를 강화하기 위해

서는 개별 대응과 동시에 이 제도의 사회적 복권을 도모할 필요
가 있다. 생활보호제도가 있다는 것에 사람들은 감사해야 마땅
하고 "이러한 제도가 있는 나라에서 태어나서 행복하다"라고 생
각해야 마땅한데 어떻게 이렇게까지 폄하되고 있는 것일까?

'생보대책회의'는 그러한 사회적 분위기를 전환시키기 위한
운동 단체로서 역할을 하고 있다. 그들은 각지에서 집회를 열어
생활보호제도에 관한 계몽 활동을 전개하고, 앞에서 이야기한
다양한 고발 활동과 문제 제기 활동도 벌이고 있다. 개별 대응을
하고 있는 각지의 생활보호 신청 지원 네트워크와는 차의 양쪽
바퀴와 같은 관계에 있다.

개별 대응 운동과 사회적 문제 제기, 그 두 개의 톱니바퀴가
맞물리는 것은 어떤 문제에 있어서든 사회적 변화를 가져오기
위한 극히 기본적인 조건이다. 그러나 유감스럽게도 일반적으로
는 이 둘은 서로를 경시하는 경향이 있다. 개별 대응에 집중하는
측에서 본다면 사회적 문제 제기는 현장을 "비워 놓고" 인기를
끌고자 하는 행동으로 보이고, 후자가 보기에는 전자는 원인과
구조에 눈을 돌리지 않고 개별 대응에 매몰되어 버린 자멸 노선
으로 보이기 때문이다. 그러나 확실히 양자가 그러한 위험성을
내포하고 있으므로 서로의 약점을 보완하는 연대가 필요하다.

앞에서 소개한 가이즈카 시의 경우에도, 피해자들은 "남이 싫
어하는 것을 하는 것이 두려워서 항의하지 못했다"고 증언하고
있는데(마이니치신문 2007년 12월 11일자), 실제 그러한 목소리는

매우 많다. 해고 철회 투쟁을 요구하는 노동자와 마찬가지로, 생활보호 수급자도 항의한 후에 복지사무소 직원과 계속 만나야 한다. '보복'이 무서워 피해를 당해도 피해 상황을 밝힐 수 없고, 이는 위법행위를 조장하고 결국 목소리를 내지 못하는 상황(결국 죽음)으로 수급자들을 내몰리게 한다. 그러한 악순환을 단절시키기 위해서는 생활보호 지원 네트워크가 각지에서 충실하게 개별 대응을 해 문제가 있는 사례를 발굴하는 한편 '생보대책회의' 등이 중심이 되어 사회적으로 호소할 필요가 있다. "피해를 보면 가만히 있지 않겠다"는 메시지가 지속적으로 전달되면 관청도 긴장하게 되고 당사자가 스스로의 목소리를 낼 가능성도 높아질 것이다.

## 4. 내셔널미니멈은 어디에? – 최저생활비와 최저임금

### 생활부조 기준에 관한 검토회

기타큐슈 시에서 검증 위원회의 중간보고가 나오고 오사카 시가 잘못을 인정한 때가 10월 초였다. 2주 후인 10월 19일에 후생노동성은 생활부조 기준에 관한 검토회(이하 '검토회')를 갑자기 개최했다.

검토회 개최가 후생노동성 홈페이지에 고지된 것은 겨우 개최

3일 전이었다. 우리들은 하마터면 개최한다는 정보를 놓칠 뻔했다. 그 2주 전인 10월 2일에 "후생노동성은 생활보호 기준 금액의 산정 방식을 재검토하고 있는가? (중략) 재검토하고 있지 않다면 향후 재검토할 예정은 없는가?"라는 민주당 야마노이 가즈노리 의원의 질의서에 대해 정부는 "지적한 전문가 회의의 설치를 포함해서 구체적인 검토 방식은 미정"이라고 회답한 바 있다(내각중질 168 제27호). 방청 희망은 전화 접수를 받지 않는 것으로 되어 있었지만 지나친 단기 고지에 항의하자 "이번은 특별히"(후생노동성 보호과 담당자) 방청을 허락한다고 했다. 일반적으로는 무시하는 것이 기본이지만, 촉박하게 일을 진행한 까닭에 항의하는 사람에게는 "특별히"라는 단서를 붙여 허가해 준 것이다. 전국에서 횡행하는 '생활보호 신청 저지 압력'의 수법이 생각나게 하는 대응이었다. 그날부터 생활보호 기준을 둘러싸고 후생노동성과 2개월간 공방전을 펼쳤다.

제1회 검토회에서 후생노동성은 기조가 되는 데이터를 제시했다. 그에 따르면 생활보호를 받고 있지 않은 저소득층(하위 10퍼센트)인 '부부와 1자녀 세대(직업을 가진 사람 있음)' 및 '독신 세대(60세 이상)'와 동일한 세대 구성을 갖는 생활보호 세대를 비교하면 생활보호 세대가 소비 수준이 더 높은 것으로 나타났다(보다 정확하게는 생활보호 프로그램 중 '생활부조 기준액', 즉 생활비에 상당하는 부분과 2004년 전국 소비 실태 조사에서 전국 2천 세대에 대해 9~11월 가계 소비를 조사한 '생활부조 지출 상당액', 즉 식비와 전기세 등 생활부조에 상당하는 항목을 뽑은 것으로 집세와 자동차 관련 지출 등은 제외한 항목 비교).

그 데이터에는 다음과 같은 배경과 함의가 있었다.

① 생활보호 기준액은 일반 세대의 소비 수준 상승에 맞추어 대체로 그 소비 수준의 3분의 2 정도(60퍼센트대 후반)가 유지되도록 설정해 왔다(수준 균형 방식, 1984년 이후).

② 그런데 90년대 이후 불황이 계속되는 가운데 일반 세대의 소비 수준이 하락하고 있기 때문에 반대의 의미에서 밸런스(수준 균형)가 깨지고 있다. 즉, 생활보호 기준이 상대적으로 높아지는 역전 상황이 발생하고 있다.

③ 그러한 사회 변화를 배경으로 정부는 2003년에 노령 기초 연금액과 함께 생활보호 기준액을 0.9퍼센트 낮추는 것을 시작으로 해서 이후 생활보호 가산 제도(노령 가산·모자 가산)을 삭감·폐지하고, 다인 세대(4인 이상)의 생활부조 기준을 낮추었으며 거주용 부동산을 가지고 있는 고령자를 생활보호 수혜에서 제외하는('역 모기지' 도입) 등의 조치를 취해 왔다.

④ 그러나 국가 재정 압박과 '성역 없는 구조 개혁'이 추진되자 정부 내에서 가산 제도와 다인 세대 조정이라는 비핵심적인 개혁이 아니라 생활보호의 본체라 할 수 있는 생활부조 기준액 자체를 손봐야 한다는 인식이 생겨났다. 그로 인해 '경제 재정 운영과 경제 사회의 구조 개혁에 관한 기본

방침 2006(2006년 7월)'은 '생활보호 기준의 재검토'를 "늦어도 2008년에는 실시한다"고 천명했다.

⑤ 실제 데이터를 본다면 생활보호 수급자들보다 더욱 가난하게 사는 사람들이 얼마든지 있다. 생활보호비를 삭감해도 죽지는 않는다.

후생노동성이 생활보호 기준을 낮추는 방향으로 논의를 진전시키고자 하는 의도가 명확했다.


### 최저임금과 최저생활비

그러나 후생노동성의 주장에는 큰 문제점이 있다.

우선 생활보호를 받고 있지 않은 하위 10퍼센트에 속한 사람들의 생활수준이다. 후생노동성은 위에서 언급한 두 세대 유형에서 생활보호를 받는 사람들의 생활수준이 더 높다고 주장하고 있지만 말이다. 사례로 든 '부부 1자녀 세대(직업을 가진 사람 있음)'를 본다면 그 소득 그룹의 가계는 자녀 교육비로 월평균 742엔밖에 사용하지 않고 있다. 자녀에게 교재 한 권을 사 준다면 그 달은 더 이상 아무것도 사지 못하고, 필통 하나를 산다면 교재는 다음 달까지 사지 못하는 삶이다. 또한 '독신 세대(60세 이상)의 경우 1개월간 식비가 2만 2,650엔이다. 하루 세 끼를 먹는다면 한 끼에 약 200엔을 쓰는 셈인데, 시금치 한 단을 사면 끝나는 식생활이다. 그러한 세대와 비교해서 지출 수준이 높기 때문

195

에 기준을 낮추어도 좋다고 말하는 것은 그러한 삶을 살라는 것을 의미한다. 그것이 정부가 생각하는 "건강하고 문화적인 최저 한도의 생활"이다. 그러나 당연히 필요한 것은 교육비 1개월에 742엔, 한 끼 식비로 200엔이라는 삶을 개선시켜 빈곤이 세대 간에 세습되지 않는 사회, 나이가 들어도 안심하고 살 수 있는 사회를 만드는 것이어야 한다.

다음으로 생활보호 기준 인하가 가져올 파급 효과도 감안할 필요가 있다. 이 문제는 최저임금을 예로 드는 것이 이해하기 쉽다.

일본의 최저임금이 과도하게 낮다는 사실은 2007년에 큰 사회 문제 중 하나로 대두했다. 일본의 경우 최저임금은 이전부터 노동자 가계(생계비)를 지지하기에는 충분하지 않았다. 최저임금이 상정하고 있는 것은 주부 파트타임 노동이나 학생들이 아르바이트로 버는, 말하자면 '용돈'이다. 그것은 마치 노령연금이 고령자의 용돈 취급을 받아 온 것과 비슷하다. 주부는 남편, 학생은 부모의 보호를 받으며 생계를 꾸려 나가고, 노령자는 자녀 혹은 저축한 자산으로 생계를 꾸려 나가는 것이 일본의 상식이다. 그러므로 이전부터 남편이나 아버지에게 의존하지 않는 모자 세대, 부모에게 의존하지 않는 프리타, 자녀에게 의존하지 않는 고령자는 더욱 빈곤해졌다.

그러나 1990년대를 통해 고용이 해체되는 가운데, 비정규직 노동이 폭발적으로 증가하여 파트타임 노동과 아르바이트 노동 등 비정규직 노동을 해서 가계를 꾸려 나지지 않으면 안 되는 세대가 일반 세대 가운데서도 확대되고 있다. 그것을 나는 '일반 세대의 모자 세대화'라고 칭하고 있다. 편의점 심야 아르바이트, 소고기 덮밥집, 간이 소바집, 패스트푸드점에서 하는 아르바이트는, 내가 학생이었던 20년쯤 전에는 학생이 용돈 벌이를 위해 하는 것이었다. 지금은 '한창 일할 나이'인 40대, 50대 남녀가 젊은이들과 섞여서 이런 일을 하는 것이 아주 흔한 광경이 되었다.

정규직 노동자도 마찬가지로 "밑에는 밑이 있다", "하고 싶어 하는 녀석은 얼마든지 있다", "너를 대체할 사람은 얼마든지 있다"는 말을 듣는 가운데, 현재의 자리를 유지하기 위해 높은 노동 부가가치를 요구받고 있다. 노무 관리와 인사 고과가 엄격해졌고 전체적인 노동조건도 악화되었다. 80년대 이후 미국과 같이 '하향 평준화', '바닥으로의 경쟁race to the bottom' (제레미 브레커Jeremy Brecker, 팀 코스텔로Tim Costello, 《세계를 구하라, 글로벌 기업을 포위하는 9장》, 가지 에쓰코加地永都子 옮김, 이자라쇼보, 1999년)이 일본에서도 발생해 '끝없는 낙하, 최저 수준의 하락'이 이어지고 있다. 그것을 상징하는 현상이 한편으로는 과로사이고 다른 한편으로는 일일 파견 노동 – '과로사인가 빈곤인가'라는 노동 상황 – 이다.

뭐니 뭐니 해도 역시 '더 이상은 무리'라 할 만큼 악화된 상황에서 '재발견'된 것은 노동 분야의 최후 사회 안전망(바닥 수준의 하락 및 소멸에 대한 브레이크, 담보)이라 할 수 있는 최저임금이었다.

야당과 노동단체는 최저임금을 유력한 수단으로 삼아 격차와 빈곤이 확대되는 상황에 대한 반격을 도모하면서 '최저임금 시급 1천 엔' 운동을 전개했다. 경제(기업) 성장과 시민 생활 향상이 예전과 같이 비례하지 않는다는 것이 여러 각도에서 감증되고 폭로되면서, 기업의 임금 지불 능력도 고려해 정해야 한다고 했던 최저임금에서 생계비 원칙이 강조된 것이다.

그 결과 2007년 10월 중앙최저임금심의회는 최저임금을 대폭적으로 올릴 것이라고 답신했다(전국 가중 평균 14엔이 증가해서 전국 평균 678엔이 되었음). 2002~2004년에 3년 연속 변화가 없었다는 것을 생각하면 개선된 것이었지만 노동자 대표가 요구하는 50엔 이상을 고려한다면 대폭적인 후퇴였다. 그리고 "노동자의 생계비를 고려하는 데 노동자가 건강하고 문화적인 최저한도의 생활을 영위할 수 있도록 한다는 생활보호 정책과의 정합성을 배려한다(9조 3항)"고 규정한 최저임금법이 개정되었다. 2008년 봄, 무대는 지역별 최저임금을 확정하는 지방최저임금심의회로 이동했다.

이 일련의 흐름을 되짚으면서 확인하고 싶은 것은 사람들이 최저임금이 어떤 기능을 가지고 있다고 이해하고 있는가, 최저임금 인상에 어떤 기대를 걸고 있는가 등이다.

두 가지 기능을 지적할 수 있다. 하나는 최저임금은 가장 열악한 조건으로 일하며 사는 사람들, 즉 지방 여성들, 젊은이들의 생활 향상을 가져온다는 기능이다. 또 다른 하나는 노동조건 전체의 최저 수준 하락에 제동을 걸고 반대로 최저 수준 상승을 도모하는 내셔널미니멈(국민 생활 최저선)으로서의 기능이다. 최저임금이 지닌 이 두 가지 기능에 사람들이 주목하고 있다. 뒤집어 말하면 이 문제에 대해 이는 현재 최저임금으로 일하고 있는 사람들만의 문제이며, 자신은 그렇지 않기 때문에 관계없다고 생각하는 사람은 없다는 것이다. 일하는 사람 대부분이 관심을 가질 수밖에 없는 것이다.

생활보호 기준도 동일한 기능을 가지고 있다. 그 기능이란 생활보호 수급자의 월수입이라는 의미에서 소득 보장 기능과 일본 국내에서 사는 사람들의 최저 생활 선을 정하는 최저생활비(내셔널미니멈)으로서의 기능이다. 그러나 후자의 기능은 그다지 알려져 있지 않다.


### 최저생활비로서 생활보호 기준

이미 이야기했듯이 미국에서는 연방 정부가 매년 '공적 빈곤선official poverty line'을 발표하고 그 이하로 사는 사람들을 빈곤층으로 정의하며, 그 수를 산출하고 있다. 미연방 정부와 주 정부의 복지 부문은 그 공적 빈곤선을 기준으로 저소득층 대상의 사회복지 서비스 등을 마련한다.

일본에서 공적 빈곤선에 해당하는 것이 생활보호 기준이다. 따라서 일본의 다양한 저소득층 대상 서비스도 생활보호 기준을

## 표 3 생활보호 기준과 연동하는 제도, 같은 기준을 감면 기준으로 한 제도

| 분야 | 제도 및 취지 | 계산 기준, 감면기준(각 지자체의 예) | 근거 |
|---|---|---|---|
| 지방세 | ①지방세 비과세 기준(균등할 비과세=전액 비과세. 생활보호 기준 이하의 수입으로도 주민세가 과세되도록 한 시기는 20년쯤 전. 그렇게 되지 않게 하는 취지의 규정) | 생활보호법에 의한 전년 보호 기준액(생활부조비, 교육부조비, 주택부조비)으로서 산출된 금액을 감안하고 도시 및 농촌과 같이 지역 차이를 추가해서 얻은 금액을 참작해서 결정한다. 1급지는 1.0, 2급지는 0.9, 3급지는 0.8로 하고 있다. | 지방세법 295조 3항, 시행령 제 47조 3(2)항, 시행 규칙 제 9조 4② |
| | ②지방세 감면 | 다카마쓰 시 : '세대 수입이 생활보호 기준 이하이고, 납세가 현저하게 곤란하다고 시장이 특히 인정하는 자'는 면제(다카마쓰 시 세 조례 36조, 시행규칙) | |
| | ③체납 처분 정지 | 쿄토 부 : 생보 기준액의 120퍼센트 이하인 경우 | |
| 국민 건강 보험 | ④보험료 감면(신청 감면) | 코쿠분지 시 : 생활보호 기준의 1.1배 미만·100퍼센트 면제~생보 기준 1.5배 미만·20퍼센트 감면 네리마 시 : 생활보호 기준의 1.15배 미만은 감면 | 국보 77조, 지방세법 717조 |
| | ⑤일부 부담금 감면 | 교토 시 : 생보 기준 120퍼센트 이하는 면제, 130퍼센트 이하는 일부 부담금의 과소에 따라 2퍼센트, 4퍼센트, 6퍼센트 감액 가와사키 시 : 생보 기준 115퍼센트 이하는 면제, 115퍼센트 초과~130퍼센트 이하는 감액 히로시마 시 : 생보 기준 110퍼센트 미만은 면제, 110퍼센트 이상~130퍼센트 이하는 감액 | 국보 44조 |
| 개호 보험 | ⑥이용료·보험료의 감액 (경계층 해당) | 고액 개호 서비스비, 식비, 보험료를 1급 낮추면 생활보호를 받지 못하는 경계층 대상, 1급 인하 | 시행령 38조 1항 등 |
| | ⑦보험료의 감액 | 아사히가와 시 : 연간 수입 예상액 생보 기준 이하, 저축이 연간 생보 기준의 2배 이하인 경우, 보험료를 제1단계로 감액 | |
| 장애인 자립지원법 | ⑧이용료의 감액 (경계층 해당) | 이용료를 1급 인하하면 생활보호에서 제외되는 경계층 대상, 1급 인하 | 시행령 17조 1항 등 |
| 공립고교 | ⑨수업료 면제 | 도립고교 : 생활보호 세대 및 같은 정도의 세대는 면제, 생활보호의 1.2배까지의 세대는 5퍼센트 감액 | |
| 공립주택 | ⑩집세 면제 | 사이타마 현 : 최저생활비 이하는 면제 | |

출전 : 요시나가 아쓰시, 〈생활보호 기준 인하는 국민 생활에 중대한 영향을 미친다〉,
《법과 민주주의》 424호, 2007년 12월.
주 : ① ⑥ ⑧ 이외는 지자체에 위임되었다. 그러나 이를 실시하는 지자체가 많다고 할 수는 없다.

표 4  저소득층 현물 급여, 현금 급여, 대부에 생활보호 기준을 사용하는 제도

| ① 생활 복지 자금 | 대부 대상자 ('저소득자'의 범위) | 목표로서 생활보호 기준의 1.5~2배가 많다. (예)도쿄 시 1.8배/오키나와 시 1.7배 |
|---|---|---|
| ② 취학 원조 | 급부 대상자 ('보호를 필요로 하는 자'의 정의) | 생보 기준의 몇 배 이하(대다수가 1.3배까지) (예)아다치 구 1.1배/나가노 1.2배/미야즈 시 1.3배 |
| ③ 지자체의 저소득자 대상 대부 제도 | 대부 대상자 | (예)도쿄 시 하계 특별 생활 자금 대부 제도 (대부 대상), 세대의 수입 합계가 생활보호 기준의 1.5배 이내 |

출전 : 표 3과 같음

근거로 결정되고 있다. 일찍이 일본 지자체 직원으로서 생활보호를 담당했던, 하나조노 대학의 요시나가 아쓰시吉永純는 법률과 조례에서 생활보호 기준과 관계 있는 제도들을 표 3과 표 4로 정리했다(〈생활보호 기준 인하는 국민 생활에 중대한 영향을 미친다〉, 일본민주법률가협회,《법과 민주주의》424호, 2007년 12월).

예를 들어 취학 지원을 보자. 2005년에 공립 초등학교 및 공립 중학교 학생의 13퍼센트에 해당하는 138만 명이 받고 있는 취학 지원은 많은 지자체가 그 수급 자격을 "수입이 생활보호 기준의 1.3배까지"라고 설정하고 있다. 또한 지방세의 비과세 기준도 "생활보호 기준에 밑돌지 않게 설정하도록 법률상 명기한다"고 되어 있다. 또한 요시나가는 다음을 지적한다.

"생활보호 기준을 내려간다면 그에 연동해서 주민세 비과세 기준액이 내려갈 것이 확실하다. (중략) 주민세 비과세를 대상자

로 하는 복지 시책이 광범위하게 존재하고 있는데 비과세하던 부분을 과세하면 지방세의 과세액에 따라 이용료와 부담액을 결정하는 대부분의 제도, 즉 국민건강보험료, 보육료, 개호보험료 등이 상승할 수밖에 없다. 이 측면에서도 광범위한 영향 및 피해가 발생한다."

이와 같이 그 영향 및 피해는 상당히 광범위하게 파급된다. 개정 최저임금법은 그 일련의 파급 효과 중 최저임금이 포함되었다는 데 지나지 않는다.

그러므로 최저생활비 인하는 생활보호 수급자의 소득을 감소시키는 것에 그치지 않는다. 생활보호 기준과 연동하는 여러 제도의 이용 자격 요건을 동시에 낮추기 때문에 생활보호를 받고 있지 않은 사람들에게도 큰 영향을 미친다.

그로 인해 수입이 증가한 것이 아닌데도 취학 지원 등 저소득층 대상 서비스를 받지 못하게 된 세대에게, 그것은 실질적인 부담이 증가한다는 것을 의미한다. 그 여파로 식비와 전기세, 교제비 등이 축소되고 소비는 줄어든다. 보다 상황이 열악한 사람들의 소비 실태를 이유로 생활보호 기준을 낮춘다면 그로 인해 그들의 소비 실태가 더욱 악화되는 결과가 나타나는 것이다. 즉, '하향 평준화'만 야기되는 것이 아니라 서로가 서로를 끌어내리는, 문자 그대로 '바닥으로의 경쟁'이 전개되는 것이다. 나는 이것을 '빈곤화 소용돌이'라고 부르고자 한다.

이것이 최저생활비로서의 생활보호 기준 인하가 의미하는 것

이다. 단지 150만 명의 생활보호 수급자만의 문제라고 생각하는
것은 사태를 매우 과소평가하는 것이다.


사람들이 알지 못하고, 알지 못하게 만드는 최저생활비

최저임금·최저생활비가 각각 내셔널미니멈 기능을 가지고 있
다는 것에 주목한다면 '최저 수준 인상'인가 '최저 수준 인하'인
가의 문제에서 최저임금과 최저생활비가 함께 취급되지 않으면
안 된다는 것을 곧 알 수 있다. 그러나 최저임금과 달리 최저생
활비(생활보호 기준)는 "그것은 생활보호를 받고 있는 사람의 이
야기다. 나는 생활보호를 받고 있지 않고 받을 생각도 없기 때문
에 나와는 관계가 없다"고 사람들이 스스로 자신을 배제한다. 또
한 "진짜 필요 없는 사람이 받고 있는 것은 아닐까?"라며 생활보
호 수급자 개개인이 보호를 받을 만한가라는 문제를 제기하기
쉽다.

최저임금에 관해서도 동일한 논의가 있을 수 있다. "저 녀석은
받는 만큼 일하지 않는다"라는 임금 도둑질 논의가 있다. 그러나
이런 논의가 최저임금 수준을 결정할 때 큰 영향을 미치는 것은
아니다. 그러나 생활보호 문제에 관해서는 그런 논의가 은연중
에 영향을 미치고 있다. '넷카페 난민'으로 잘 알려진 닛폰텔레
비전의 미즈시마 히로아키水島宏明는 특파원으로 체류했던 영국,
독일과 비교해서 "일본에서는 전문가가 수행한 빈곤 및 복지 연

구의 성과가 일반인들과 정치가의 관심사가 되지 못하고 서민들 간의 감정적인 논의에 머무르는 채 빈곤 대책이 논의되는 경향이 있다. 대중매체도 마찬가지로 선진국 치고는 지나치게 한심한 상황(《넷카페 난민과 빈곤 일본》, 닛폰텔레비전출판사, 2007년)"이라며 탄식하고 있다. 그것이 현실이다. 이는 출발선에조차 서지 않은 일본 빈곤 문제의 위치를 반영하고 있다.

그 배경 중 한 가지는 많은 사람이 최저생활비를 구체적으로 알지 못한다는 데 있다. 자주 오해되고 있지만, 헌법에 정해져 있는 '건강하고 문화적인 최저한도의 생활을 영위할 권리'는 단순한 주장이 아니다. 헌법을 구체화한 생활보호법이 있고 생활보호법의 뒤를 이어 후생노동성 장관 고시로서 매년 생활보호 기준이 개정되고 있다. 세대마다 10엔 단위까지 최저생활비가 결정되고 있다. 그것이 헌법에 기초해서 국가가 각각의 세대에 보장하고 있는 금액, 즉 "그것을 밑돌면 국가가 책임을 진다"고 선언한 금액이다.

그렇지만 일본에서는 사람들 대부분이 그 최저생활비를 모르고 있다. 복지사무소의 생활보호 담당 직원 이외에 구체적인 액수를 알고 있는 사람을 만난 적이 거의 없다. 실제 최저생활비의 계산 방식은 다소 복잡하다. 거주하고 있는 지역, 세대 구성원 수, 각각의 연령, 장애인, 임산부, 초등학생 혹은 중학생 자녀가 있는가, 없는가에 따라 금액은 변한다. 그러나 그렇다 해도 사람들이 이토록 모르고 있다는 것은 이상하다.

무엇보다도 알지 못하게 만드는 정책의 책임이 크다. 예를 들어 지자체의 홍보지와 홈페이지에 최저생계비 계산 방법이 실려 있는 것을 본 적이 있는가? "생활보호 기준은 당신 자신의 최저생활비를 결정하고 있습니다"라고 들어 본 적이 있는가? 아마도 사람들 대부분이 그러한 경험을 한 적이 없을 것이다. 그러므로 최저생활비로서 생활보호 기준에도 관심을 가지지 않고 살아왔다. 그 결과 이 문제는 "최저임금과 노령연금보다 생활보호 쪽이 많은 것이 이상하지 않은가"라는 저소득층 간의 '격차' 문제로만 이야기되어 왔다. "최저 수준 인상인가 혹은 인하인가"는 논의되지 않았다. 그러나 이것이야말로 정부가 노리는 바일지 모른다.

이미 말했듯이 개정 최저임금법에는 "생활보호 관련 정책과의 정합성을 배려한다"는 문구가 포함되어 있다. 문제는 '정합성'이다. 정합성은 최저임금을 올리지 않고도 실현할 수 있다. 최저임금을 낮추면 되기 때문이다. 따라서 실제로 후생노동성은 보다 빈곤한 사람들의 존재를 근거로 생활보호 기준을 낮추려고 해 왔다. 브레커 등이 이야기한 '바닥으로의 경쟁', 낮은 쪽으로의 조정이라는 것이 실제로 일어나고 있는 것이다.

최저임금 인상을 열심히 주장하고 있는 노동단체와 '최저 수준 인상'을 환영하는 여론이 최저생활비 이야기를 생활보호 수급자만의 문제로 보고 지나친다면 비정규직 노동자를 방치했던 과거의 잘못을 더욱 큰 규모로 반복하는 결과를 초래할 것이다.

생활보호 기준 인하는 의료 난민, 개호 난민, 넷카페 난민이 대량 발생하는 21세기 일본에서 국민건강보험료와 개호보험료를 지불할 수 없는 사람들을 증가시킨다. 또한 빈곤의 세대 간 세습을 강화해 미래에 대한 희망이 없는 저학력·비정규직 불안정 취업 노동자를 증가시키며, 더 나아가서는 생활 자체가 불가능한 넷카페 난민을 증가시킨다. 더욱이 그러한 상태에서 자녀를 갖는 것이 불가능하기 때문에 저출산, 고령화 사회가 진전된다. 후생노동성이 난민화, 저출산, 고령화를 추진하다니 어찌된 일인가?

### 검토회와 또 하나의 검토회

10월 19일 열렸던 제1회 생활부조 기준에 관한 검토회부터 매회, 반빈곤 네트워크(6장 참조) 회원을 중심으로 장애인, 비정규직 노동자, 싱글맘, 홈리스 등에 관한 여러 단체의 뜻있는 사람들이 검토회장 앞에 모여 항의의 목소리를 높였다.

그러나 11월 30일 검토회 마지막 회의에서 게이오 대학의 히구치 요시오 □美雄 위원장은 "오늘 아침 신문에서도 일부 신문은 검토회가 급여 수준 인하를 용인했다고 보도했지만 우리들은 특별히 인하를 용인한다, 하지 않는다가 아니라 어디까지나 객관적으로 상황이 어떻게 진행되고 있는가를 검증하고 있는 중이다. 결론은 비교 기준의 선택에 따라 변하는 것이며, 또한 본문에도 지금까지의 급여 수준과 비교한 것도 고려할 필요가 있다고 명기한 상태이다. 기준의 결정은 정책 혹은 행정 당국이 하는 것이라고 생각하고 있다. 그 점을 다시 한 번 확인해 두고 싶다 (후생노동성 홈페이지 '검토회' 제5회 의사록)"고 말하면서 예정대로 종료했다.

1시간 후에는 마스조에 요이치舛添要— 후생노동성 장관이 즉시 "(생활부조의 수준은) 다소 인하하는 방향으로 결과가 나왔다고 생각한다", "급변하는 것에는 매우 꼼꼼하게 완화 조치를 취해 다소 인하를 해도 내일부터 생활이 어려워지는 상황은 절대로 피하고 싶다"고 발언했다(아사히신문, 요미우리신문 웹판 2007년 11월 30일 자). '완화 조치'는 취하겠지만 '급변'(노령 가산 제도를 3년에 걸쳐 단계적으로 삭감하고 폐지한 것처럼) 시키겠다는 것이다. 서서히 익숙해져 간다면 그만큼 인하해도 죽지는 않는다고 말하는 듯하다. 에도시대 통치자가 말했다고 하는 "살게 하지도 말고 죽게 하지도 말고"가 생각나게 하는 대목이다. 모두 후생노동성의 시나리오 그대로였다.

검토회는 후생노동성에 대한 제동장치가 되지 못했다. 그날부터 우리 활동의 무대는 후생노동성에서 국회로 이동했다. 검토회의 보증을 얻은 후생노동성을 막을 수 있는 것은 역시 국회밖에 없었기 때문이다. 이후 2주간 우리들은 거의 매일 국회에 갔다.

사민당과 공산당이 기준 인하에 반대한다는 것은 알고 있었다. 민주당은 이전부터 연락을 취하고 있던 야마노이 가즈노리

의원을 움직여서 12월 5일 당사자의 목소리를 듣는 공청회를 개최했고, 정무 조사 회장 및 다음 후생노동성 장관 명의로 된 담화 '생활보호 기준 인하에 반대한다'가 발표되었다. 공명당도 도오야마 기요히코遠山淸彦 참의원 법무 위원장의 협력으로 12월 6일에 공청회를 개최할 수 있었다. 원래 "최저 연금과 최저임금 논의에 전력을 다해야 하는 시기에 완전히 반대 이야기를 했다(공명당 간부)", "이 시기에 인하 논의를 하는 것이 불쾌하다(아사히신문 2007년 12월 1일 자)"고 보도된 것처럼 공명당의 분위기는 나쁘지 않았으며, 의원들 중에는 반대 의사를 확실히 밝히는 사람들도 있었다. 자민당에서는 오쓰지 히데히사尾辻秀久 참의원 의원 회장과 만나 자민당 내 담당자를 소개받았다. 자민당 의원들과는 거의 만나지 못했지만 내가 만난 자민당 의원 중에서는 오쓰지가 가장 우호적이었다. 그는 "방치해서는 안 될 문제라고 생각한다"며 후생노동성에 대한 불쾌감을 표시했다.

또한 제1회 검토회 당일에 생보대책회의가 항의 성명을 낸 것을 시작으로 변호사회, 법무사회, 시민 단체들도 수많은 반대 성명을 발표했다. 12월에 들어서면서부터는 니시닛폰, 주고쿠, 가나가와, 시나노마이니치 등 각 지방 신문 사설에서 반대 의견이 이어졌고(다만 전국지는 끝까지 반대 사설을 싣지 않았다), 연합과 노동자복지중앙협의회 등도 반대 의사를 명확히 했다.

12월 7일에는 "지금의 검토회에는 민의가 없다!"고 천명하고, 우리들 스스로 '생활부조 기준에 관한 또 하나의 검토회'를 개최했다. 홍보 기간이 길지 않았는데도 160명 이상이 참가했고, 많은 대중매체 취재진이 방문했으며, 열 명 남짓한 당사자들이 각자의 생각을 발표했다.

원래 이 기획은 검토회장 앞에서 계속 행하고 있던 릴레이 토크 때 생각한 것이었다. 검토회장 앞에 모인 사람들의 발언은 각자의 생활과 실제 경험이 뒷받침되어 무게가 있었다. 나는 언제나 그것을 들으면서 "이러한 목소리야말로 검토회에서 공표되어 학자와 공무원이 들어야 한다"고 느껴 왔다. 당사자의 목소리에 귀를 기울여 그 생활 실태를 아는 것이야말로 지금의 생활보호 기준이 타당한가, 아닌가를 결정하는 데 검토 자료가 되어야 한다.

아이들의 진학 비용을 확보하기 위해 소비를 줄이는 생활을 하고 있으면, 이는 "더욱 빈곤한 사람이 있기 때문"이라면서 생활보호 기준을 인하하는 핑계로 사용되었다. 스스로는 그런 생각으로 생활하고 있지 않다며 개탄하는, 생활보호를 받지 않는 모자 가정의 어머니가 있었다. 출산 원조를 시작으로 취학 원조, 주민세 비과세, 국민건강보험료 감면 등을 받아 왔고, 현재 아이는 수업료 감면으로 공립고등학교에 다니고 있다. 생활보호 기준을 인하한다면 삶이 직격탄을 맞는다고 하소연하는 어머니도 있다. 50년간 요리사로 전국을 돌아다녔고, 연금도 받지 못해 생활보호 수급자가 되어 이러한 처사를 받는다고 한탄하는 고령자도 있었다. 저마다 하소연은 절실했으며, 쉽게 사람들의 삶을 내던져 버리려는 후생노동성에 대한 원망으로 가득 차 있었다.

1년 보류와 이후의 과제

12월 9일 산케이신문은 "정부와 여당은 9일, 헤이세이 20년부터 검토해 온 바 있는 생활보호비 중 식비와 전기세 같은 기초적인 생활비인 생활부조 기준 인하를 보류하기로 결정했다. 그러나 지역 간에 벌어지고 있는 기준액 격차를 실태에 맞게 축소하는 미세 수정은 실시할 것이다. 생활보호비 전체 총액은 유지될 전망이다"라고 인하 보류를 보도했다. 그 후 다른 신문에서도 동일한 보도가 이어졌다.

전체적으로 "결론이 났다"는 분위기가 확대되고 있지만, 지역간 격차에 관한 '미세 수정' 문제는 남아 있다. 후생노동성은 검토회 중에 대도시 지역의 기준액을 인하하고, 농촌 지역의 기준액을 인상하기 위한 자료를 제출했다. 생활보호 수급자가 도시 지역에 집중해 있는 것을 생각하면 그것은 실질적인 기준 인하를 의미한다. 도시 지역 인하를 발표하는 보도도 나왔다. 연기 분위기가 떠도는 가운데 '지역 간 격차 시정'이라는 통용되기 좋은 명목 아래 실질적인 인하가 강행될 가능성이 있고, 그렇게 되면 '총액 유지'를 의심하지 않을 수 없다. 우리들은 12월 14일에 한 번 더 전체 여당 의원들에게 "보류 골자를 뺀 것"에 대해 경종을 울리는 문서를 배포했다.

그에 앞서 12월 11일에는 검토회 위원 전원이 연명連名하여 '생활부조 기준에 관한 검토회 보고서를 정확하게 읽기 위하여'라는 제목을 붙인 문서를 발표했다. 보고서에서 주변적인 위치밖에 부여받지 못했던 인하에 관한 신중한 의견을 다시 선별해 정리한 문서였다. 말은 신중한 의견을 골랐다고 표현했지만, 실질적으로는 검토회 위원들이 기준 인하에 반대하고 있다는 것을 명확히 한 것이다. 후생노동성이 직접 선정하고 소집한 학자들과 실무자들이 후생노동성 정책에 실질적으로 반대한다는 의견을 제출하는 이례적인 사태가 연출된 것이다.

여론, 대중매체, 법률가, 학자, 그리고 검토회가 다른 의견을 제출하자 자민당과 공명당 양당의 정무 조사 회장은 12월 19일 최저생활비 인하를 모두 보류하기로 결정했다. 동석했던 마스조에 요이치 후생노동성 장관은 불만스러운 얼굴이었다고 한다. 제1회 검토회가 열린 지 정확히 2개월 후였다.

'보류'는 활동의 성과이기는 하지만, 어디까지나 '1년 보류'에 지나지 않는다(아사히신문 12월 20일 자). 이번에 실패한 후생노동성은 2009년도를 대비해서 다시 한 번 태세를 정비할 것이 틀림없다. 저소득 세대와 비교하고 검증하는 동일한 수법은 더 이상 사용할 수 없을 것이다. 최저 생활 보장 연금이라는 이슈도 나오기 시작한 현재, 세제와 사회보장을 둘러싼 논의 중 연금제도 개혁, 소비세 인상 논의와 동시에 생활보호 기준액을 인하한다는 방침을 제시할 가능성이 높다. 배경이 되는 것은 "사회보장 급여비 연간 자연 증가분 2,200억 엔을 계속 억제한다"는 정부 방침이다. 이것이 있는 한, 설령 최저생활비가 유지된다고 해도 어딘가의 사회보장 분야가 희생되어, 결과적으로 빈곤화는 진행되어 갈 것이다.

2007년은 후생노동성의 실책으로 보류를 얻어 낼 수 있었지만, 2008년에도 같은 방식이 통용될 것이라고는 생각하지 않는다. 우선은 생활보호 기준 문제를 최저생활비 문제로 시민 생활의 "인상인가, 인하인가"라는 구도로 최저임금 등과 함께 파악하는 여론을 형성하는 것, 재무성이 준비하는 '사회보장비 삭감인가, 소비세율 인상인가'라는 선택 사항 그 자체에 문제를 제기하고, 800조 엔으로 이야기되는 국가 부채의 원인과 내용을 명확히 하는 것, "국제 경쟁에서 생존하기 위해서는 방법이 없었다"고 여전히 자신들의 책임을 계속 회피하는 재계의 책임을 검증하고 "회사는 누구의 것인가?"라고 다시 묻는 것, 그러한 검증과 행동을 통하여 미국식이 아닌 '국가의 존재 방식'을 생각하는 것 등 과제는 많다.

2008년 1월 22일, 자민당의 오쓰지 히데히사 참의원 의원 회장은 "마른 수건을 짜도 (더 이상) 아무것도 나오지 않는다. 2009년도 예산에서는 삭감하지 않겠다고 약속해 주기를 원한다(아사히신문 웹판 2008년 1월 22일 자)"고 사회보장비 삭감 방침 그 자체를 비판했다. 여당 내에서 나온 그러한 목소리를 활용하면서 사람들이 살아갈 수 있는 사회를 구축해 나가지 않으면 안 된다.

생보대책회의는 2008년 여름, 크레딧, 샐러리맨 금융 피해자 연대 협의회(이하 피연협)등과 공동으로 '반빈곤 전국 순회단'을 개최하고, 각지에서 내셔널미니멈 확립을 위한 운동을 촉진하는 캠페인을 실시할 예정이다. 또한 노동자복지중앙협회와도 인간다운 노동과 생활을 요구하는 연락 회의(통칭 생활 수준 향상 회의)를 설치했다. 문제의 중요성에 부합하는 사회적 진지를 정비해 갈 필요가 있다.

# 6장 강한 사회를 목표로 – 반빈곤 네트워크를

니타의 소망

1장에서 소개했던 니타 히사시는 그 후 생보대책회의가 주최하는 집회에 참가해 다음과 같은 발언을 했다.

"만약 지금, 일시적으로 그것(노동자를 보호하고, 안전, 생활을 보장하는 것 – 글쓴이)과 관련된 사회보장비가 증가했다 해도 지금처럼 빈곤층이 늘어나면 국력 저하, 사회 불안, 기술력 저하를 초래할 것입니다. 그보다는 10, 20년 후를 바라보면서 파견 노동자와 빈곤층을 구제하는 쪽이 국력을 향상하고, 사회 불안을 없애고, 보다 밝은 미래를 가져오는 데 기여할 것입니다."(생활보호 문제 대책 전국 회의 편,《시민의 힘으로 빈곤을 뿌리 뽑자! 빈곤에 대항하는 힘을 키우자!》, 전국 크레딧, 샐러리맨 금융 문제 대책 협의회, 2007년)

또한 이렇게도 말했다.

"버블 붕괴라는 전후 최대 규모의 불경기가 있었습니다. 그 당

214

시 은행, 대기업은 대부분 자력으로 부활하는 것이 무리여서 몇 십조 엔이나 하는 국민 혈세를 투입했습니다. 물론 국민에게는 어느 것 하나 환원되지 않았습니다. 그리고 대기업은 노동력을 비정규직으로 대체해 현재의 빈곤층과 넷카페 난민이라는 부산물을 다량으로 만들었습니다."

나는 '넷카페 난민' 당사자였던 그의 지적에 전적으로 공감한다.

정계와 재계는 "기업 성장이 없이는 국민 생활의 안정과 향상도 없다"고 말했다. 그러나 실제로 최근 십 몇 년간 일어났던 것은, 국민 생활의 안정과 향상을 무너뜨리면서 기업의 버블 후유증을 회복시키는 것이었다. "엄정한 국제 경쟁 속에서 이외에는 선택지가 없었다"고 경영자들은 말한다. 선택지가 없었으므로 자기 책임도 없다는 핑계다. 그러나 정말로 경영자에게 자기 책임이 없는 것일까?

니타도 우리들도 특단의 요구를 하고 있는 것이 아니다. 노동 기준법, 생활보호법, 그리고 헌법, 이러한 기본적인 법들을 준수해 달라고 요구하는 것이다. 평범하게 살 수 있는 사회를 만들고 싶다고 요청하고 있는 것이다. 그것을 '어리광'과 '게으름'의 증거라고 말해 우리들의 '다메'를 계속해서 빼앗는다면 언젠가는 반드시 사회 전체가 무너져 내려 당신들에게 돌아갈 것이다. 그것이 이 기간 우리가 얻은 교훈이다.

탄광의 카나리아

이 점에 관해서는 내가 항상 불쾌하게 생각한 사항이 있다.

1990년대 후반에 거리에서 활동하고 있던 나는 '잃어버린 10년'이라고 하는 90년대를 지나면서 일본 사회의 중심에 노숙자(홈리스)가 계속해서 증가하는 것을 목격했다.

거리에서 활동하고 있다면 노숙 생활이 얼마나 고된가는 곧바로 알 수 있다. 겨울철에 뼛속까지 스며드는 추위가 전해지는 콘크리트에 누워 있어 보면 "좋아서 하고 있는 것인가, 어쩔 수 없는 것인가"라는 논의가 얼마나 추상적인 잡담인가를 몸으로 이해할 수 있다.

실업이 낳은 노숙자의 존재는 일본의 안전망이 불완전하다는 것을 보여 준다. 제구실을 하는 복지국가가 있다면 실업과 노숙 사이에는 방대한 거리가 있다. 사회보험, 공적부조의 안전망이 있고 여러 가지의 복지 서비스, 민간단체의 안전망이 있기 때문이다. 결국 노숙자의 존재는 '밑바닥 추락'이라는 이면을 통해 일본 사회가 어떠한지 입증하고 있는 것이다.

게다가 빈곤 문제가 일반에게 '보이지 않는' 것에 비하면 노숙자는 '보이는' 존재이다. 대도시에서는 노숙자의 텐트가 증가했다. 1998~99년 사이 공원에 빈민 텐트poor tent가 급격히 증가하는 것을 많은 사람이 목격했을 것이다. 노숙자는 일본 사회에서 얼마나 빈곤이 진행되고 있는지, 일본 사회에서 얼마나 큰일이 일어나고 있는지를 보여 주는 매우 특이한 존재이다. 이를테면

탄광에서 제일 먼저 가스가 누출된 이상 상태를 알려 주는 카나리아 역할을 그들이 하고 있는 것이다.

그러나 일본 사회는 그러한 경고를 무시했다. 노숙자의 존재를 사회 전체의 문제로 받아들이지 않았고 "별난 사람이 좋아서 하고 있다"는 자기 책임론으로 정리했다. '프리타'도 같은 모양이었다. 리쿠르트가 '프리타'라는 말을 만들었던 1980년대 말과 1990년대를 거치면서 '프리타'는 계속 증가했지만, 이를 사회 전체에 대한 경고로 받아들인 것은 얼마 되지 않는다. 노동조합은 계속 증가하는 비정규직 노동자에 대해 자신들에게 위협이 된다는 생각은 해도 함께 손을 잡을 상대로 바라보지는 않았다.

앞서 경고를 보냈던 이런 사람들을 자기 책임론으로 무시해 버리는 동안 일본 사회의 빈곤은 더욱 심해졌다. 최근에서야 겨우 잘라 버렸던 것이 타인이 아니라 자신의 손발이었다는 것이 명확해졌다. 노숙자가 차례차례로 생겨나는 이러한 상황을 방치해 둔다면 우리 자신들의 생활도 힘들어진다. 노동자의 비정규직화를 계속 방치해 두면 정규직 노동자 자신도 위기에 처하게 될 것이라는 사실도 인식되기 시작했다. 그러나 동시에 "생활보호 수급자가 너무 많이 받고 있다", "급식비를 내지 않은 부모가 있다"고 말하면서 여전히 새로운 악인 찾기, 범인 찾기에 분주하다. 가까이에서는 악인을 만들고, 맨 끝에서는 손해 본 사람끼리 서로 대립해, 결과적으로는 어느 쪽도 이익이 안 되는 '바닥으로의 경쟁'을 하고 있는 것이다. 이제 이러한 현상은 이것으로 충분하다. 같은 것을 이처럼 반복하고 있는 것이라면 우리들은 최근 10년간 도대체 무엇을 배운 것인가.


## 강한 사회를

사람들의 '다메'를 계속해서 착취하는 사회는 사회의 '다메'를 잃어버린 사회이다. 아르바이트와 파견 노동자를 보고 "마음 편해서 좋겠네" 하며 경시하는 정규직 노동자는 한편으로 냉엄하게 성과를 추궁당하면서 장시간 노동을 강요당하고 있다. 정규직 노동자들이 "기득권을 가진 채 책상다리를 하고 있다"고 비난하는 비정규직 노동자는 저임금과 불안정 노동을 강요당하고 있다. 인원 배치에 여유가 없는 복지사무소 직원과 돈에 여유가 없는 생활보호 수급자가 서로를 '세금 도둑'이라고 비난하고 있다. 지나치게 많은 보고 서류 작성 업무가 부과되어 주위를 둘러볼 여유를 잃은 학교 교사는 아이들이 겪는 이지메를 못 본 척하고 있다. 재정난이라면서 지속적으로 약자를 무시해 온 정당이 주권자의 지지를 잃고 있다. 이것들은 모두 조직이나 사회 자체에 '다메'가 상실된 결과 드러난 조직의 빈곤, 사회의 빈곤을 나타낸다.

장애인들이 오랜 기간에 걸쳐 주장한 개념의 하나로 '장벽 없애기Barrier free'가 있다. 오해하지 말아야 할 것은 역에 엘리베이터를 설치하거나 보도의 높이를 없애는 이 같은 '장벽 없애기'는 장애인들이 '불쌍해서' 추진한 것이 아니라는 것이다. 적어도 장애인들은 그러한 주장을 하고 있지 않다. 의료 사고 소송과 한센병 문제에 대처해 온 변호사 야히로 미쓰히데八尋光秀는 다음과 같이 쓰고 있다.

"변해야 하는 것은 안 좋은 상황을 그대로 유지하려는 사회이다. (중략) 행해져야 할 사회 원조가 제대로 기능하고 있지 않다. 그러한 의미에서 사회에 '장애'가 있는 것이다. 장애는 사람이 아니라 사회 쪽에만 있다고 할 수 있다."(야히로 미쓰히데와 정신과 이용자들,《장애는 마음에 있는 것이 아니라 사회에 있다 – 정신과 이용자의 미래를 열자》, 카이호출판사, 2007)

적지 않은 사람들이 쉽게 외출을 할 수 없는 상태는 그 사람들에게 문제가 있는 것이 아니라 사회 쪽에 문제가 있는 것이다. 그런 의미에서 사회의 장애, 사회의 부자유가 있다고 한다. 그리고 이런 사고방식은 그대로 아마티아 센의 빈곤관과 결부된다. 쉽게 외출을 하는 기능을 달성하기 위한 잠재 능력을 박탈당했다는 의미에서 이것은 빈곤 문제이다.

사람들에게 일할 장소와 거주할 만한 아파트를 제공하지 못하는 사회의 부자유와 사회의 '다메' 결핍으로 인해, 노숙자와 넷카페 난민이 발생하고 있다. 빈곤 문제도 본인의 문제가 아니라 사회의 문제이다. 야히로에 따르면 다음과 같은 말이 가능하다. "빈곤은 사람에게 있는 것이 아니라 사회에 있는 것이다."

왜 빈곤이 있어서는 안 되는가. 그것은 빈곤 상태에 처한 사람들이 보호해 줄 만큼 불쌍하기 때문도 아니며 혹은 훌륭한 사람들이기 때문도 아니다. 빈곤 상태로 떨어진 사람들 가운데에는 훌륭한 사람도 있지만 그렇지 않은 사람도 있다. 그것은 자산가 가운데 훌륭한 사람도 있고 혐오할 만한 사람도 있는 것과 같다. 훌륭하지도 않고 불쌍하지도 않은 사람들을 "보호해 줄 가치가 없다"고 하면 그것은 이미 인권이 아닌 것이다. 삶을 평가해서는 안 된다. 빈곤이 "있어서는 안 된다"는 것은 그것이 사회 자체가 약해졌다는 것을 증명하기 때문이다.

빈곤이 대량으로 발생하는 사회는 약한 사회이다. 아무리 대규모의 군사력을 지니고 있어도, 아무리 높은 GDP를 과시하고 있어도 약하다. 그러한 사회에서는 인간이 인간답게 재생산되지 않는다. 누구도 약한 아이를 괴롭히는 아이들을 '강한 아이'라고 생각하지는 않을 것이다.

인간을 재생산할 수 없는 사회에 '지속 가능성'은 없다. 우리들은 누구에 대해서도 인간다운 노동과 생활을 보장해 주는 강한 사회를 위해 노력해야 한다.


인간과 사회의 면역력

최근 십 몇 년 동안 강한 사회는 신자유주의 정책을 통해 이루어질 수 있을 것이라는 말이 있었다. 신자유주의 정책은 모든 것을 시장화해 자본의 운동을 적극적으로 장려하고 추진하는 정책을 가리킨다. 일본에서 신자유주의 정책은 나카소네 정권에서 국철 민영화로 본격화했고, 고이즈미 정권에서 실시한 우정 민영화로 절정에 도달했다. 국영사업 민영화는 그 핵심이 되는 정책이다. 국영사업은 시장 원리가 충분히 침투하지 않은 최대의 영역이기 때문이다. 개호, 교도소, 학교 등, 그 외에도 모든 것이 민영화되기 시작했다.

또 하나의 핵심은 규제 완화에 있다. 대규모 소매 점포법 완화와 농업 규제 철폐 등에서 신자유주의는 자유 경쟁을 촉구한다. 또한 중소, 영세기업과 자영 업체를 보호하던 여러 정책을 철폐하고, 대기업과 다국적기업이 시장 원리를 추구할 수 있는 영역을 확대한다.

민영화와 규제 완화에 의해 시장 바깥에 있던 다양한 영역을 시장화하는 것은 자유로운 경쟁에 따른 효율성을 높이기 위해 필요한 것이라고 한다. '호송 선단 방식'이 상징적인 대상이 되었다. 지체된 배에 진행을 맞추는, 즉 약자를 무시하지 않으려는 이러한 방식은 효율성을 저해하는 악평등의 상징으로 비난의 대상이 되었다. 효율이 낮아 속도가 뒤처지는 것은 무시해 버려야 한다, 그렇지 않으면 전체가 살아남을 수 없다는 것이다. 이러한 사고방식은 교육에도 적용되었다(사이토 다카오齋藤貴男, 《기회 불평등》, 문예춘추, 2000). 그것은 사람의 삶도 시장 원리(효율)로 계산된다는 것을 의미한다. 매사를 부드럽게 진행하는 쾌적함을 우위로 삼아, 원활한 진행을 방해하는 다양한 것이 배제되고 있

다. '느린' 것, 'KY(분위기를 파악하지 못한)' 등은 인간의 결점이
되었다.

그러나 '효율적인 것'이 승리하는 사회가 반드시 자유로운 경
쟁을 실현하는 것은 아니다. 왜냐하면 그 '효율'이라는 것은 적
지 않은 경우 자본 투하에 의해 발생하기 때문이다. 자본을 많이
투하할 수 있는 사람이 원하는 효율성을 몸에 익혀 시장에서 살
아남고 거기에서 축적된 부가 다음 효율성을 생산한다. 기업은
국가로부터 다양한 우대 조치를 받고, 아이는 부모에게서 높은
교육비를 제공받아 이제 시장적인 우위를 획득하고 있다.

그 결과 태어날 때부터 출발선에서 차이가 나는 '기회 불평등'
이 존재하게 되었고, 안전망 붕괴(미끄럼틀 사회화)와 생활 보장
이 없는 자립 지원(재도전 정책)이 뒤를 따르고 있다. 사회 전체
적으로 빈곤화가 진행되어, 노숙자와 넷카페 난민이 늘어나고
있다. 교도소는 사람들로 가득 차고, 아동 학대가 증가하고 있
다. 아이들이 부모를 죽이고, 부모가 아이를 살해한다. 자살도
늘고 있다. 사회는 전혀 강해지지 않고 있다. '다메'를 착취당한
사람들은 체력이 떨어지고 면역력 저하로 단명하고 있다. 빈곤
을 계속 발생시킨 사회도 마찬가지이다.

빈곤은 동시에 전쟁에 대한 면역력도 저하시켰다. 앞서 언급
했던 쓰쓰미 미카는 미국에서는 군대가 특별히 빈곤층에 있는
약자를 대상으로 입대 권유를 강화하고 있다고 지적하는데, 그
가운데 '하이랜드 파크 고교의 교사와 학부모회' 회장 티나 웨이

샤스는 다음과 같이 말하고 있다. "정부는 제대로 알고 있다. 가난한 지역의 고등학생들이 얼마나 대학에 가고 싶어 하는지를. 그리고 또한 그러한 아이의 부모들에게 선택지가 없다는 것도."
(《르포 빈곤 대국 아메리카》)

약자를 전쟁으로 내몰기 위해서는 징병제와 군국주의 이데올로기보다 더 효과적인 방법이 있다. 충분히 먹을 수 없고 미래를 그릴 수 없는 폐쇄된 상황으로 약자를 몰아넣는다면, 즉 다른 선택지를 박탈해 버린다면 그들은 '자발적으로' 입대한다.

이러한 상황은 일본에서도 발생하기 시작했다. 내 경우에는 자위대 모집 담당자가 적극적으로 접근해 왔었다. 대상이 '모야이'에 상담하러 온 워킹푸어 같은 젊은이들이라는 것은 명확하다. 니타 히사시도 자위대 경험자였다. 노숙자 가운데에도 자위대 경험자가 적지 않다. 군대가 좋아서 간 것은 아니다. 이유는 단지 하나, "먹고살기 위해서"였다.

일본은 유례가 없는 피폭(전쟁) 체험을 했기 때문에 평화에 대한 의식이 높다. 그러나 동시에 유례없는 고도 경제 성장 체험으로 빈곤 문제를 망각하고 있다. 이 때문에 최근 수십 년간, 이 둘을 결부시키려는 생각이 적었다. 평화와 전쟁의 문제는 평화에 대한 의식의 문제, 전쟁 체험의 유무 문제로 이야기되는 경향이 강하다. 그러나 빈곤이 광범위해지면서 이것만으로는 충분치 않다는 것이 서서히 드러나고 있다.

다른 여러 나라는 '빈곤과 전쟁'을 함께 생각하고 있다. 일본도 뒤늦었지만 헌법 9조(전쟁 포기)와 25조(생존권 보장)를 함께 생각해야 할 때이다. 모든 사람이 먹고 입을 것이 충분해 인간으로서 기본적인 체력과 면역력을 갖춘 사회가 전쟁에 대한 면역력도 강한 사회이다.


반빈곤 네트워크를

어떻게 하면 인간과 사회의 '다메'를 증가시킬 수 있을까. 그 일단을 이 책에서 기술하고자 한다. 그것은 인간들의 상호부조 강화, 사회연대 강화, 그리고 공적 안전망 강화를 통해 달성할 수 있다. 다만 사람들의 상호 지원과 사회연대는 공적 안전망의 부재를 보완하고 면죄하기 위해 가족과 지역이 부담을 지게 하는 것이 아니다. 또한 현역 세대의 사회보험료 부담을 무겁게 하거나 은퇴 세대의 사회보장 급여비를 억제하려는 것도 아니다.

1995년의 사회보장제도 심의회 권고(사회보장제도의 재구축 - 안심하고 살 수 있는 21세기 사회를 지향하며)가 "사회보험료와 조세라고 하는 공적 부담에 따른 보장이 증대하면 개인과 기업의 사적 부담은 줄어들고 반대로 전자를 억제하면 후자는 늘어난다"고 말한 뒤, 사회보장 분야에서 자립과 사회연대(자조와 공조. 후쿠다 정권의 슬로건으로는 '자립과 공생')가 강조되었고, 행정의 공적 책임은 뒤로 물러났다. "재원이 없으니까 기업이 충분히 성장할 때까지 참으세요"라고 말하면서 사람들은 침묵하고 있다.

자조와 공조의 과도한 강조는 지금까지 말해 왔던 '자조 노력의 과잉'이나 가족 내의 갈등을 낳아 개인 소비의 침체, 여러 가지 비극, 사회와 국가의 약체화를 초래한다. 우리들이 지향하는 상호 지원과 사회연대는 개인, 단체, 회사의 '다메'를 증가시키고 정계, 재계가 발뺌을 하지 못하도록 해, 서로 도우면서 의견을 주장하는 사회연대가 되어야만 한다.

이것을 위해서 우리들은 2007년 10월, 반빈곤 네트워크를 결성했다. 반빈곤 네트워크는 여러 분야에서 활동해 온 다양한 사람들로 구성되었다. 대표는 오랜 기간 다중 채무 문제에 몰두해 온 전국 크레딧, 샐러리맨 금융 문제 대책 협의회의 우쓰노미야 겐지 변호사, 사무국장으로는 필자, 그리고 부대표는 싱글 마더스 포럼Single Mother's Forum의 아카이시 치에코赤石千衣子, 작가인 아마미야 가린雨宮処凛, 프리타 전국노동조합과 굿 윌 유니언의 가지야 다이스케梶屋大輔가 맡고 있다. 이외에 장애인의 권리 옹호를 추진하는 DPI 일본회의, 난치병 모임의 야마모토 하지메山本創, 피연협의 혼다 요시오本多良男, 수도권 생활보호 지원 법률가 네트워크의 모리카와 세이森川清, 생활대책회의의 이노마타 다다시猪股正, 수도권 청년 유니언의 가와조에 마코토, 빈곤연구회의 스기무라 히로시杉村宏, 연합의 고지마 시게루, 전노련의 사토 게이이치伊藤圭一와 사토 고키佐藤幸樹, 중앙노복협의 기타무라 유지北村祐司가 참여하고 있다.

이 책에서 서술한 다양한 활동은 원래는 반빈곤 네트워크 준비 과정에서 사람들과 유대하면서 생각한 것이다.

반빈곤 네트워크의 취지는 정식 결성 이전, 준비 과정에서 개최했던 두 번의 "더 이상 참을 수 없다! 증가하는 빈곤" 집회 (2007년 3월 24일, 7월 1일) 내용에 나타나 있다.

3월 24일 집회에서는 여러 문제가 한 사람에게 겹쳐 발생하고 있는 양상을 중심으로 당사자 9명이 빈곤 실태에 대해 이야기했다. 남편의 다중 채무가 원인이 되어서 이혼하고, 모자 가정이 되고, 파트타임으로 일해도 충분한 돈을 벌지 못해 보육비를 체납하고, 복지사무소에 상담하러 갔지만 거부당하고, 생활을 유지하려다 보니 다중 채무자가 되어 버리는 상황이 현실에 존재한다. 이처럼 빈곤은 매우 복합적인 성격을 띠고 있다. '다메'가 있다면 각각의 문제를 하나씩 처리하는 것이 가능하지만, 빈곤 상태는 그것을 허락하지 않는다. 실업을 하면 바로 집세를 지불하지 못하게 되므로 하나의 문제가 연속해서 다른 문제를 유발하고 쉽게 진퇴양난의 상태에 빠지고 만다.

문제는 서로 얽혀 있다는 것이다. 그것을 다중 채무 문제인가 싱글맘 문제인가, 파트타임 노동자의 문제인가, 보육료 체납 문제인가, 생활보호 문제인가로 나누는 것은 편의적 의미만을 지닌 것이다. 각각의 분야에서 활동하고 있는 여러 단체는 서로의 과제가 서로 연결되어 있음을 확인하고 연대 필요성을 공유해야 한다. 이것이 이 모임의 목적이다.

7월 1일 모임에서는 29일로 다가온 참의원 선거를 염두에 두면서, '조성된 대립을 넘어서'라는 주제로 다시 많은 사람들의 주장을 들었다. 모임은 무연금 장애인과 생활보호 수급자, 과로사한 정규직 노동자 유족과 비정규직 노동자, 급식비를 체납한 어머니와 학교 교사로 구성되었다. "연금보다 생활보호가 많은 것은 이상하다"고 말하지만 연금도 받을 수 없는 무연금 장애인이 정말 생활보호비 인하를 바라고 있는 것일까? 정규직 노동자는 안정된 지위에서 평안하게 있으며, 비정규직 노동자는 좋아서 그 일을 하고 있는 것일까? 학교 급식비를 체납한 어머니의 경우를 학교 교사는 어떻게 생각하고 있을까? 자주 대립되는 주제에 대해서 당사자들은 저마다 "내가 원하는 것은 그런 것이 아니다"라고 이야기했다.

앞서 언급했듯이 이러한 대립 항목은 이 밖에도 얼마든지 늘어날 수 있다. 일용 파견 회사의 상근 노동자와 일용 파견 노동자, 생활보호 수급자와 복지사무소 직원, 사회보험청 직원과 연금 생활자, 대기업 정규직 노동자인 아버지와 프리타인 자식, 외국인 연수생, 실습생과 일본인 실업자 등이 바로 그것이다. "우리 쪽이 더 힘들다, 당신은 나태하고 게으르다, 혹은 기득권에 안주하고 있다"라고 말을 시작하면, 쌍방이 서로 밑으로 내려가는 '바닥으로의 경쟁', '하향 평준화'로 귀결된다. 상대방을 밑으로 질질 끌어내린다고 해도 자신의 삶은 나아지지 않는다. 우리들이 바라는 것은 누군가를 밑으로 끌어내리지 않으면서 빈곤 문제를 해결하는 것이다. 이 점에 대해 당사자들은 서로 이야기를 주고받았다.

그리고 우리들의 창끝은 정치를 향한다. 모임의 슬로건 중 하나는 "빈곤 문제를 위해 노력하지 않는 정치가는 필요없다"였다.

일본 사회가 스스로의 빈곤을 극복하기 위해서는 전국 각지에서 조직의 틀을 넘은 광범위한 네트워크를 결성해 사회에 요구해 나가야 할 것이다.


빈곤 문제를 출발선에

일본은 아직도 빈곤 문제의 출발선에 서 있지 않다. 총리가 시정연설에서 빈곤 문제를 언급하지 않고, 정부가 국내의 빈곤 실태를 조사하지 않으며, 시민 다수가 자신들의 최저생활비를 알지 못하는 이러한 상황에서는 빈곤 문제에 관한 구체적 논의를 하는 것이 쉽지 않다.

정부는 사소한 문제라고 말한다. 그러나 이 책에서 소개한 각종 통계와 조사를 보면 문제는 매우 심각하다. 무엇보다도 우리들 주변에는 매일 '미끄럼틀'에서 미끄러지는 사람들이 있다. 일본 사회는 언제까지 그런 사람들이 미끄러져 떨어지는 것을 그저 침묵으로 배웅하고 있을 것인가.

'활력 있는 사회'는 누구나 주창하는 것이지만, 저출산 고령화가 진행될 때 사람들의 '다메'를 증가시키는 것보다 더 활력 있는 사회를 실현하는 데 도움이 되는 것은 없을 것이다. '빈곤 박

228

멸 캠페인'이 국가적 차원에서 전개되는, 즉 총리 관저에 특별 팀이 꾸려져 빈곤 문제에 몰두하고 있다고 해도 전혀 이상하지 않은 상황이다.

2007년 말, 빈곤은 "중대한 문제가 아니다"라고 주장해 왔던 다케나카 헤이조가 "우선은 빈곤 조사를 실시해 원인을 규명하는 것이 급선무이고, 이를 바탕으로 대책을 강구해야 한다"면서 '빈곤 조사'라는 말을 입에 올렸다(〈후쿠다 정권의 복고주의를 저지하자〉,《문예춘추》, 2007년 12월 호) 일본 경단련도 다음과 같이 공식 문서로는 아마 처음으로 '빈곤'이라는 말을 언급했다. "시장 원리는 만능이 아니고 완벽하지 않아 여러 가지 과제를 안고 있다. 법 준수는 물론 윤리 규범이 공유되지 않으면 무릇 시장은 성립할 수 없다. 또한 격차와 빈곤이라는 그림자도 있다."(〈2008년 경영 노동정책 위원회 보고〉, 2007년 12월). 점점 더 많은 사람들이 입장과 무관하게 빈곤의 존재를 부정할 수 없게 되었다. 남은 것은 정부의 입장이다.

빈곤의 존재를 인정했다고 해서 빈곤 문제에 대한 효과적인 대책이 실시되는 것은 아니다. 그것은 쓰쓰미 미카가 쓴《르포 빈곤 대국 아메리카》의 모습을 보면 명확히 알 수 있다. 그러나 일본은 아직 그 전 단계에 있다. 달리는 방법과 속도를 운운하기 전에 여하튼 출발선에 서지도 않았다는 것은 말이 안 된다. 일본에는 빈곤이 있다. 그리고 그것은 "있어서는 안 된다"는 것이다. 여기까지를 인정하는 데는 좌도 우도 없을 것이다. 왜냐하면 그

도표 15 힝기

것은 세계의 상식, '글로벌 스탠더
드' 이기 때문이다.

반빈곤 네트워크에는 심벌 캐릭
터가 있다(도표 15). 이것은 도깨
비이다. 왜 도깨비인가라고 물으
면 우리는 빈곤은 '있다' 와 '없다'
사이에 있기 때문이라고 답한다.
우리들은 이것을 '힝키' 라고 이름 지었다.

힝키에는 이야기가 있다. 힝키는 세상이 무관심하면 화를 내
면서 마구 증식한다. 그러나 세상 사람들이 힝키에 관심을 주면
서 힝키를 어떻게 할까 하고 의논하고, 여러 방안을 강구하면 힝
키는 머지않아 안심하고 성불한다. 힝키를 성불하게 하자. 빈곤
의 최대 특징은 "보이지 않는다"는 것이며 빈곤의 최대 적은 '무
관심' 이다. 아무쪼록 빈곤 문제에 관심을 가져 주었으면 한다.
이것이 오늘부터라도 할 수 있는 반빈곤 활동의 첫걸음이다.

빈곤 문제는 '있다' 와 '없다' 의 승부라고 말했다. 이와타 마사
미가 지적했듯이 빈곤이라는 것은 항상 '재발견' 되어야만 한다.
우리 시민들에게는 돈도 없지만 권력도 없다. 단체를 만들고 조
직에 소속되어 있다고 해도 그 힘은 대기업이나 집권 정당에 대
항할 만한 수준은 아니다. 그러나 우리들은 일상생활과 활동을
통해 빈곤이 지금 여기에 '있다' 는 것을 알고 있다. 빈곤 문제에
서는 이것이야말로 최대의 강점이다. 빈곤은 자기 책임이 아니

다. 빈곤은 사회와 정치에 대한 질문이다. 그 질문을 정면으로 받아들이면서 적극적으로 이에 맞서는 힘을 지닌 그런 사회를 만들고 싶다.

잘못을 고치는 데에 너무 늦은 것은 없다. 우리들은 이 사회에 살고 있다. 이 사회를 변화시키는 것 이외에 미끄럼틀 사회에서 탈출할 방도는 없다.

후기


2008년 3월 29일 반빈곤 네트워크는 도쿄 도내에 있는 한 중학교를 빌려 '반빈곤 페스티벌 2008'을 개최했다. 체육관, 교실, 교정 등에서 강연, 심포지엄, 워크숍 등 여러 이벤트를 동시다발로 펼친 문자 그대로의 축제였다. 여기에는 빈곤 문제에 관련하고 있는 약 70개 단체가 참가했고 1,600명이 방문했다. 이 정도 수의 단체가 일본 국내의 빈곤 문제를 주제로 해 한 장소에 모인 것은 아마 최근 수십 년간에 처음 있는 일일 것이다. 일본이 여기까지 왔구나 하는 느낌도 들었고, 반면 빈곤에 대항하는 사람들의 적극적인 움직임의 기운이 이제야 고조되어 가고 있구나 하는 생각도 들었다.

보이지 않는 빈곤에 대처하기 위해서는 사람들이 빈곤 문제를 의식하고 자기 주위에 있는 빈곤을 발견하는 안목을 지녀야 한다. 나날이 들려오는 범죄 뉴스를 접할 때 거기에서 빈곤의 그림자를 엿볼 수 잇다. 그것을 보지 않고 그냥 "지독한 놈이 있었다"

라고 정리해 버릴 것인지, 아니면 진실로 그러한 비극이 발생하지 않는 사회를 지향할 것인지는 우리 자신들의 과제이다.

'반빈곤 페스티벌 2008'에는 연합, 전노련 같은 노동단체의 내셔널 센터가 함께 참가했다. 노동단체도 이미 서로 견제하는 것만으로는 현재의 상황을 변화시킬 수 없다는 사실을 알고 있었다. 이대로는 가망이 없다는 것은 누구나가 알고 있다. 다만 지금까지 이어져 온 속박 때문에 거기에 발을 들여놓을 수가 없을 뿐이다. 그 껍데기를 벗어 버려야만 한다.

페스티벌 개회식에서 나는 오늘 배운 것을 저마다 가지고 돌아가 각지에서 분야와 입장을 초월한 반빈곤 네트워크를 만들어 달라고 호소했다. 이 책을 읽는 독자 모두에게도 같은 것을 호소하고 싶다. 우리들은 "더 이상 참을 수 없다"라고 소리 높여 주장해야 한다. 그것은 특정된 누군가를 위한 것이 아니라 우리들 자신과 우리들이 살고 있는 이 사회를 위한 것이다.

이와나미신서 편집부의 오다노 고메이가 이 책을 펴내는 것에 대해 말을 꺼낸 것은 2006년 12월이었다. '모야이' 상담 활동이나 기타큐슈 시의 아사 사건에 대한 생활 보호 문제 대책 전국 회의 활동, 엠 크루 유니언과 반빈곤 상호부조 네트워크 발족, 생활보호 기준 인하에 대한 항의 활동, 그리고 반빈곤 네트워크 운영과 활동으로 눈코 뜰 새 없이 분주한 시간을 보내는 와중에, 취재를 받아들이기도 하고, 각지로 빈곤 문제에 대한 관심을 호소하러 돌아다니기도 하다 보니 1년 하고도 수개월이 훌쩍 지나가 버렸다. 오다노에게는 사과와 감사를 드리고 싶다.

그 1년하고도 수개월이라는 시간에 이 책 집필에 필요한 소재를 많은 사람들에게서 제공받았다. 때로는 구체적인 자료이기도 했고 때로는 그 삶의 모습 자체이기도 했다. 술집에서 책 구상을 위한 상담에 응해 달라고 한 것도 한두 번이 아니었다. 책을 쓴다는 것은 이런 의미에서 항상 함께 쓰는 것이라고 느낀다.

그리고 이 책에 언급한, 또는 나 자신이 관여하고 있으면서 언급하지 못한 모든 활동에 종사하는 사람들에게 심심한 경의를 표하고 싶다. 내가 알고 있는 활동가들은 대부분이 워킹푸어이다. '모야이'에서 어마어마하게 방대한 상담 건수를 처리하고 있다고 해도 한 푼의 돈벌이도 되지 않는다. '모야이'는 인건비로 매달 얼마 되지 않는 돈 60만 엔을 네다섯 명에게 나누어 주고 있는 실정이다. 선구적인 활동을 하고 있는 노동조합의 사람들도 같은 처지이다. 많은 사람들을 학대해 막대한 이윤을 올리는 사람들이 있는 다른 한편에는 그들의 활동이 이 일본 사회의 괴로운 삶을 그래도 이 정도로 제지하고 있다고 생각한다. 정말로 필요한 것을 하고 있는 사람은 정치가와 관료가 아니다. 사회가 그 활동에 보답할 수 없다고 한다면 무엇을 위한 사회인가라는 의문이 든다.

이전에 펴낸 책《빈곤 내습》후기에서 나는 "가능하다면 언젠가 사람들의 비판적 활동을 폭넓게 소개하는 책을 쓰고 싶다"고 밝혔다. 이 책에서 불충분하지만 그것을 시도해 보았다. 상황이 호전되었기 때문은 아니다. 그것만이 일본의 빈곤 문제에 관해서 쓸 만한 가치가 있다고 생각하기 때문이다. 정부의 문서와 정책을 뒤적여 봐도, 빈곤 실태나 반빈곤의 징후가 틈 사이로 살짝 엿보이는 것은 아니다. 반빈곤은 여기서부터 시작할 수밖에 없다.

생각하면 생각할수록 이 미끄럼틀 사회에는 출구가 없다고 느낀다. 어디선가 작은 수정을 하는 것만으로는 아무런 소용이 없다. 정규직 노동자도 비정규직 노동자도, 자영업자도 실업자도, 일할 수 있는 사람도 일할 수 없는 사람도, 투쟁하고 있는 사람도 그렇지 않은 사람도, 모두가 커다란 전환이 다가오고 있음을 느끼고 있다. 문제가 되는 것은 '국가 형태'이다.

누군가에게 자기 책임을 억지로 떠맡기고 그래서 무언가의 대답이 나왔다는 기분이 드는 것은 이제 그만해야 한다. 돈이 없다, 재원이 없다는 등의 변명을 진실로 받아들이는 것은 이제 그만해야 한다. 그런 것보다도 인간이 인간답게 재생산되는 사회를 지향하는 쪽이 훨씬 중요하다. 사회가 거기에 제대로 우선순위를 설정한다면 곧 모두가 자기 책임이다, 재원의 문제다 등의 말을 입에서 꺼내지 않게 될 것이다. 그러한 발언은 그 사람이 인간다운 노동과 삶의 실현을 경시하고 있다는 증표이기 때문이다. 그러한 인간에게 우리들의 노동과 생활을 임금과 사회보장을 맡길 수는 없다. 그러한 경영자와 정치가에게는 확실히 그 사람의 자기 책임을 물어 응당 퇴장을 요청해야 한다. 주권은 우리들에게 있다.

각자 행동하고, 동료를 모으고, 장소를 만들고, 소리 높여 말해야 한다. 깜짝 놀랄 만한 최단의 지름길은 없다. 각자가 하고 있는 일을 한 발짝 더 진전시키고 그 폭을 넓히는 것만이 반빈곤의 다음 전망을 가능케 하며 사회를 튼튼하게 할 것이다. 빈곤과 전쟁에 강한 사회를 만들어야 한다. 지금 우리들은 그 갈림길에 있다.

2008년 3월 말일 자택에서

옮긴이의 말

'반빈곤反貧困'에 관하여


이 책은 세계의 경제 부국으로 잘 알려진 일본의 빈곤을 다루고 있다는 점에서 매우 역설적이다. 그러나 그런 상황적인 요인은 오히려 빈곤의 성격을 잘 설명하게 해 준다. 이 책은 전체적인 흐름에서 이 점을 지속적으로 강조하고 있다. 현재까지 빈곤 문제를 다룬 여러 이론서들은 선진국 가운데에서는 미국의 극심한 양극화를, 아니면 아프리카의 절대적 빈곤을 조망하는 경향이 있었다. 이 두 지역을 벗어나 어떤 새로운 전망을 보고자 할 경우에 우리는 매우 간단하게 유럽의 사례, 특히 한국의 경우는 스웨덴의 사례를 예의 주시해 왔다. 즉 세계화의 광풍 속에서 빈곤 문제에 대한 반대급부를 많은 연구자들은 복지의 측면에서 살피고자 노력했던 것이다. 따라서 복지 부분에서 어떤 다른 지역보다도 우위를 점하고 있던 유럽의 사례들을 살피는 것은 매우 일반화된 우리 학계의 태도로 정착되었다. 바로 이런 이유로 이 책은 제목만으로도 매우 신선한 저서임에 틀림없다.

그러나 이 책은 단순히 우리에게 낯설었던 일본의 빈곤 사례를 다룬다는 점에서만 의미를 갖는 것은 아니다. 오히려 더욱 의미를 가지는 것은 이 책의 곳곳에 등장하는 생생한 현장 체험과 상담 내용일 것이다. 그것은 아마도 아래로부터의 시선을 통해 빈곤의 진정한 모습을 제시하려는 저자의 의도에 기인할 것이다. "일하는 사람에게는 노동 상담, 일하지 않는 사람에게는 생활 상담"이라는 모토는 이런 점에서 이 책의 집필의도를 잘 응축하고 있다.

인류의 탄생 이래로, 특히 16세기 자본주의의 발전 이후 빈곤은 항상 사회의 핵심적 문제였음에도 많은 연구들은 위정자의 통치 방식이나 종교적인 연민의 관점에서 빈곤 문제를 다룰 수밖에 없었다. 그것은 뤼시앙 페브르Lucien Febvre의 표현을 따르자면 빈민들이 자신들의 "문서 보관소를 가지지 않은La classe sans archives"계급이었기 때문이다. 이러한 태도는 현재까지도 지속되고 있다. 실제로 대부분의 연구서들이 빈민들의 상태를 고려하지 않은 추상적 논의나 정치적 책략의 문제로서 이 문제를 다루어 온 것이다. 이 책은 이러한 고전적(?) 서술 방식을 거부하고 있다는 점에서 기존 연구와는 차별성을 보이고 있다. 저자는 단순히 물질적인 통계 수치를 의미하는 절대적 빈곤이 아닌 사회적 위치를 강조한 상대적 빈곤을 빈민들의 실상 하나하나를 통해 제시하고 있다. 절대적 빈곤과 달리 상대적 빈곤에 대한 연구는 그 사회의 맥락을 전체적으로 고려하지 않고는 설명될 수 없다. 이를 가장 잘 파악하기 위해서 저자는 개별 인터뷰를 통한 개인의 사회적 맥락을 파악해야 한다고 주장한다. 그것은 앞서 도 언급했던 빈민의 사회적 지위 문제와 관련되는 것이다.

1부 '빈곤 문제의 현장에서'에서 저자는 빈곤의 확산, 빈곤이 가져온 사회문제, 일본 정부의 대응에 대해 적고 있다. 물론 그 는 여기에서도 자신의 현장 경험에 기반을 두고 빈곤 문제에 접 근한다. 2부 '반빈곤의 현장에서'는 이러한 상황에서 빈곤 문제 를 어떤 방식으로 대응해서 해결해야 하는가를 제시하고 있다. 노동, 사회보험, 공적부조의 부분에서 빈곤의 저항 활동에 대한 논의가 이 장에서 전개되는데 그가 가장 강조한 것은 빈곤 문제 해결을 위한 네트워크 구축이다.

1부 1장은 게스트하우스에서 거주했던 한 부부의 구체적인 삶 을 그 내용으로 한다. 이를 통해 왜 그들이 빈곤에서 벗어날 수 없는 상황에 직면해 있는지 밝히고 그것이 단순히 한 개인의 문 제가 아닌 구조적인 사회문제라는 점을 강조한다. 한국 사회에 서도 문제가 되고 있는 파견 노동, 도급 노동, 잔업 그리고 취업 의 우선권이 경험자와 외국인에게 있다는 사실은 이 부부의 삶 을 더욱 힘들게 만들었다. 그것은 열심히 산다고 해서 해결될 문 제가 아니다. 빈민은 게으르고 나태하다는 왜곡된 선입관을 그 는 강도 높게 비판한다. 그리고 이런 상황의 귀결은 희망의 상실 이다. 그리고 그 틈새를 비집고 들어선 이데올로기가 바로 빈곤 의 자기 책임론인 것이다.

2장에서는 3중의 안전망Safety net이라는 일본의 사회보장을 고용, 사회보험, 공적부조를 통해 분석하고 있다.

일본에서 고용 상황은 1990년대의 장기 불황 이후 정규직의 비정규직으로의 급속한 대체로 나타난다. 1997~2007년 사이에 비정규직 노동자는 574만 명이 증가했고 정규직은 419만 명이 감소했다. 비정규직에는 계약 사원, 파견 사원, 파트타임 아르바이트가 포함된다. 이는 전체 노동자의 3분의 1에 해당한다. 일본 경단련의 '신세대의 일본적 경영'이라는 것은 바로 이러한 양상을 조장하고 말았다. 비정규직의 증가는 곧 정규직의 감소를 의미했으며 고용의 안정성은 파괴되고 만 것이다.

사회보험에 속한 후생연금, 후생보험, 건강보험, 화재보험, 국민연금 등에서도 문제가 발행했다. 기업이 비정규직을 늘린 것은 바로 실업 급여를 줄이면서 고용과 건강보험을 줄이려는 의도였다. 또한 법률상으로 비정규직도 고용과 건강보험 등에 의무적으로 가입해야 했지만 실제로는 이런 혜택을 회사로부터 받을 수 없었다. 실업 급여의 경우는 1982년에 실업자의 59.5퍼센트가 이를 받았지만 2006년에는 21.6퍼센트로 감소하고 말았다. 다른 보험의 경우에도 이런 상황이 동시에 발생하고 있다.

공적부조는 소득과 자산이 기준치에 도달하지 못할 경우에 생활비, 주택비, 의료비, 교육비 등을 세대 단위로 지급해 주는 것인데 구체적인 사정은 마찬가지이다.

저자가 보기에 사회 전체가 하강하는 사회가 형성되고 있는 것이 이토록 명백한데도 정부가 이에 대한 엄밀한 조사를 계속해서 미루어 오고 있는 것은 매우 큰 문제이다. 빈궁에 처한 사람들은 물론 현재의 제도를 통해 어느 정도의 부조를 받을 수 있는 기회가 있지만 이 역시 여의치 않다. 왜냐하면 자치단체 창구에서 자신의 빈곤 정도를 증명하는 것이 매우 복잡하기 때문이다. 이러한 사회적 안전망은 서로 연결되어 있기 때문에 한 곳에서의 붕괴는 연쇄적 효과를 가져오고 있다. 이것이 바로 미끄러지는 사회의 모습인 것이다. 이미 연 수입 200만 엔 미만의 사람이 1천만 명을 넘어서고 있다. 고령자와 무직자를 포함한 최저 20퍼센트에 속한 사람들의 연 수입은 129만 엔 수준이다. 특히 아동의 빈곤율은 OECD에 가맹한 24개 국가 중에서 가장 높은 4.3퍼센트이며 1990년대를 통해서 2~3퍼센트 상승했다. 이 모든 것의 원인은 단연 고용 환경의 악화에 있다.

그리고 이는 범죄의 증가를 가져왔다. 교도소가 제4의 안전망이 되고 만 것이다. 범죄의 유형 역시 생계형 범죄가 늘고 있다. 고령형 범죄의 증가 추세는 이를 잘 보여 주는데 심지어는 교도소에 들어가고 싶어 범죄를 저지르는 형사사건도 2005년 4월 ~2007년 10월의 2년 반 사이에 66건에 달한다. 일부러 물건을 훔친 후 감옥에 가고 싶다는 사람이 증가하고 있는 것이다. 결국 빈곤은 범죄를 양산하고 말았다.

빈곤은 또한 가족의 해체를 수반했다. 서양과 달리 가족과 친족의 유대가 강한 일본에서 이런 추세가 증가하고 있는 것이다.

몇몇 사례를 저자는 자세하게 서술하고 있다. 가족 구성원의 수가 많다는 것이 서로에게 부담을 주는 분위기 속에서 가족의 해체는 자연스러운 사회 추세로 받아들여지고 있다. 또한 이는 가정 내 아동 학대의 증가 추세로 나타나고 있다. 2003년의 한 통계에 따르면 학대 아동 가운데 생활보호 세대와 비과세 대상자의 가정이 전체의 44.8퍼센트를 차지하고 있다. (시간강사의 이혼율이 높은 한국의 경우도 이를 잘 보여 준다.) 빈곤의 증가, 가족의 해체, 아동 학대가 동시에 일본 사회를 흔들고 있다.

또한 일본의 생활보호 행정은 거주지가 불명확한 홈리스의 경우에는 그 혜택을 누리기 힘들다는 문제가 있다. 빈곤의 대물림은 빈곤 가정의 아동들에게 가능성을 배제한다는 측면에서 사회의 큰 손실이다. 이러한 상황은 사회로부터의 배제를 전제한다. 저자는 이를 교육과정에서의 배제, 기업 복지에서의 배제, 가족 복지에서의 배제, 공적 복지에서의 배제, 그리고 자기 자신에게서의 배제라는 틀로 정식화하고 있다. 특히 자기 자신에게서의 배제라는 부분은 매우 중요하다. 그는 이것이 빈곤의 자기 책임론이라는 왜곡된 이데올로기와 연결되어 있다고 본다.

3장에서는 자기 책임론의 문제를 다루고 있다. 자기 책임론의 가장 큰 문제점은 빈곤을 구조적인 사회문제로 인식하지 못하는 데서 나온다. 그리고 이것은 각 개인의 미래에 대한 희망을 모두 없애 버린다는 점에서 사회 전체의 무감각과 무능력을 반영한다. 극단적인 사례는 자살이다. 자살에 대해서는 이미 개인적인 문제인가 사회적인 문제인가에 대한 논쟁이 유럽사회에서 전개된 바 있다. 뒤르켕은 자신의 저서《자살론》을 통해 자살은 사회적인 문제에 더 큰 원인이 있다고 주장했는데 아직도 일본은 이를 수용하고 있지 않다. 일본 사회에서 최근 9년 연속 자살률이 3만 명을 넘고 있는데도 말이다. 흥미로운 것은 복지가 오히려 자살을 부추긴다는 점이다. 실제로 68세의 한 남성은 자신의 아이들이 복지 수당을 받게 하기 위해 목숨을 끊기도 했다. 이러한 빈곤의 현상에 대해 노벨경제학상 수상자인 아마티아 센은 이미 빈곤은 단순한 물질적 차원의 문제가 아니라 "기본적인 잠재 능력을 박탈당한 상태"로서 "자유롭게 선택할 수 없는 부자유"라고 강조했다. 빈곤은 개인의 문제가 아니라 사회적 책임에 관한 문제라는 것이다. 결국 건전한 사회라면 자기 책임론의 적용 범위를 무차별적으로 확대하지 않을 것이다.

빈곤의 양극화 현상에서 또한 언급해야 할 것은 빈곤이 쉽게 드러나지 않는다는 점이다. 부유층은 자신의 테두리에서 더욱 좁은 시각을 가지게 되고 빈곤층의 문제를 직접적으로 느끼지 못하게 된다. 지역, 계급 등의 극단적 분할은 빈곤의 노출을 매우 꺼리는 사회의 분위기를 반영한다.

저자는 일본에 절대적인 빈곤이 있다는 사실을 인정하는 것으로부터 일본의 빈곤에 대해 이야기하자고 한다. 앞서 언술했듯이 정부가 빈곤을 인정하지 않는 데서 문제는 더욱 심각해지고 있다. 생활보호 역시 일본은 신청주의이므로 신청을 하지 않는 생활 곤궁자에 대해서는 어떠한 보호 조치도 취해지지 않고 있다. 이에 대해 정부는 보호 대상자에 대해서도 세밀한 조사를 하는 것이 어려운 현실에서 신청도 하지 않은 자를 생각하기는 어렵다고 주장한다. 빈곤의 규모, 실태 정토를 명확히 하려는 의지가 정부에는 없는 듯하다.

2부 '반빈곤의 현장에서'는 이러한 일본의 빈곤 문제 개선을 위해 저자가 어떠한 노력을 기울여 왔는지를 다루고 있다.

우선 4장에서 그는 시민 활동과 사회 영역의 복권을 지향한다. 그는 이를 위해서는 단체들의 정치적인 활동이 절실하다고 말한다. 그러나 충분한 자금력을 가지지 않은 일개 시민이 이런 운동을 전개하기는 현실적으로 힘들다. 따라서 활동의 조직을 우선 정립하는 것이 필요하다. 시민이라는 것은 국가의 활동과는 별개로 사회의 일원으로서 사회적 필요를 느끼고 이를 자주적으로 행동한다는 뜻을 내포하고 있다. 이는 국민, 회사원, 노동조합원, 가족 구성원, 지역 구성원과는 다른 사회에 대한 책임을 지는 존재라는 것을 의미한다. 상담과 언론 매체를 통한 빈곤의 환기가 이런 시민의 사회 활동 영역이다. 이를 통해 정치권의 후생노동성에 대한 압력을 넣는 활동을 그 예로 들고 있다. 구체적으로 저자는 반빈곤의 활동 분류표를 작성했다. 세로로는 a)고용, b)사회보험, c)공적부조, d)전체의 4분류로, 가로로는 1)개별적, 비판적, 보완적, 2)독자적, 창출적, 3)사회적, 제언적으로 나눈 후 각 항목에 맞추어 활동 방식을 규정했다. 특히 그가 주목하는

것은 사회적 연대를 통해 인간관계의 빈곤 문제를 해결하는 것
이다. 이를 위해 연대보증인제를 두어 빈민의 재활을 추진한다.
그는 빈곤은 단순히 경제적인 결핍의 문제가 아니라 인간관계의
회복 운동이라는 것을 끊임없이 강조한다. 이 운동에서 핵심이
되는 것이 바로 상담인데 상담 역시 연령, 성별, 세대인 수, 거주
형태 등에 대한 고려를 통해 매우 구체적으로 세분화시켜 전개
해야 한다고 강조한다. 이것이 바로 생활 상담인 것이다. 생활보
호제도의 활용에서도 단순히 소개하는 것으로 그치는 것이 아니
라 직접 구체적인 부분까지 함께 동행, 동석함으로써 이 문제를
해결해야만 한다. 그리고 이를 위해 빈민을 위한 거주지를 만들
어 주어야만 한다. 홈리스가 정부의 지원을 받지 못하는 것은 바
로 거주지가 없기 때문이다. 그리고 이들의 조직화 역시 시급하
다. 이는 비정규직 노동자의 가장 취약한 부분이 조직화가 매우
힘들다는 데 있다는 사실을 통해 잘 드러났다. 서양에서 집시들
이 항상 사회의 억압과 탄압의 대상이 된 것과도 이 문제는 일맥
상통한다. 조직이 없는 개별인에 대해 사회는 그들을 연민의 대
상보다는 희생양으로 삼아 왔다. 이와 같은 반빈곤 활동을 통해
저자는 그들이 사회의 한 구성원으로서 지위를 가지고 있다는
사실을 항상 상기시켜야 한다고 주장한다. 빈곤의 가장 큰 문제
는 사회적 지위의 부재absence de statut social에 있는 것이다.

　5장에서는 빈민의 위치를 이용해서 그들을 착취하는 기업에
대한 저항 운동을 다루고 있다. 파견 노동자와 일용 노동자를 착

취해 이윤을 얻었던 엠 크루라는 기업을 인용하면서 저자는 이 기업이 자신을 사회적 기업이라고 선전하는 것에 대해 강하게 비판한다. 그리고 이런 기업의 경영을 빈곤 비즈니스라고 지칭한다. 현재 이러한 기업은 일본에서는 크게 증가하는 추세이다. 저자는 이에 대한 대책으로 비정규직 노동자의 조직화를 내세운다. 그러나 조직의 문제는 그들의 생활과 관련된 문제이기 때문에 쉽지 않다. 해고의 위험이 항상 도사리고 있기 때문이다. 그러나 저자는 그들이 조합을 통해 존재 의식을 가지게 된다면 이것이 가능하다고 주장한다. 2007년 1월에 '비정규 노동자 연합 센터'의 설립은 이러한 노력의 일환이었다. 그리고 이 센터는 그들의 생활 문제를 구체적으로 해결함으로써 그 활동의 폭을 넓히고 있다. 즉 노동과 생활의 연대를 추구하는 것이다.

또한 많은 법률가들의 도움도 이 문제의 해결을 위해 필요하다. 그는 기타큐슈, 오사카 등의 사례를 통해 법적인 차원에서의 노동 착취, 그리고 빈곤 때문에 찾아온 사람들에 대한 법률 상담을 하고 있다. 특히 채무자들에 대한 상담은 그들의 재활에 큰 도움을 주었다.

2008년 1월 4일에는 '홈리스 법적 지원자 교류회'를 결성함으로써 홈리스의 권리 옹호와 생활 지원을 위한 논의를 전개했다. 이외에도 생보대책회의, 생활부조 기준에 관한 검토회 등의 여러 대회를 통해 서로 간의 교류의 장을 넓히고 있다. 후생노동성의 최저임금과 최저생활비의 계산에서 나타난 문제점을 지적하는 것도 그들의 주된 활동이다.

빈곤 문제를 일본 사회에 다시 환기시키고 빈곤의 네트워크를 건설함으로써 집단적인 운동을 펼치는 것은 구체적인 반빈곤 활동이다. 저자는 이러한 운동의 성과가 가시화될 때 일본은 진정으로 '강한 사회'가 될 수 있다고 생각한다. 일본 정부의 빈곤에 대한 안일한 태도와 경제 대국이라는 환상은 일본의 빈곤 문제를 더욱 심각하게 만들고 있다는 것을 이 책은 계속 강조한다.

이 책은 기존의 연구들과 달리 현장 활동가가 직접 쓴 현재 일본의 빈곤 보고서이다. 따라서 내용 자체가 단순히 이론적인 틀에 머무르지 않고 매우 구체적이라는 점에서 그 의의를 찾을 수 있다. 그런 점에서 이 책은 한국의 여러 빈곤 문제 연구소에 새로운 빈곤 해결을 위한 하나의 방법론을 제공해 줄 수 있을 것이다. 저자도 밝히고 있듯이 빈곤의 성격은 각 시기와 지역에 따라 매우 상이한 양상을 보이지만, 빈곤의 해결에서 가장 중요한 것은 이러한 차이를 뛰어넘어 연대의 태도를 가지는 것이다. 일본의 반빈곤 운동의 모습은 이런 점에서 한국에도 시사하는 바가 크다고 할 수 있다. 실제로 몇몇 연구소가 이론적 차원에서 활동하고 있는 것은 매우 고무적이지만 그것이 한국의 현실에서 적용되는 방식에 대해서는 많은 문제가 남아 있다. 빈곤에 대한 연구는 빈곤의 현실을 벗어나서는 의미를 가질 수 없다. 한국은 현실의 문제 해결에서는 오히려 몇몇 종교 단체에 의존하고 있는 것이 사실이다. 빈곤의 현실적 처지를 이해하고 이를 구체적으로 대응하려는 저자의 활동이 우리의 빈곤 연구가에게도 필요한 시점이다.

빈곤은 사회 전체의 문제이다. 그리고 이를 방치할 경우 그것은 사회의 총체적 붕괴를 가져올 것이다. 저자의 표현대로 빈곤은 잘 보이지 않는다. 빈곤은 어느 순간 사회의 주변으로 점차 밀려가고 있는지도 모른다. 하지만 그렇게 방치한 빈곤은 다시 우리에게 돌아와 큰 파국을 가져올 것이다. 프랑스의 사회학자 로베르 카스텔Robert Castel의 다음과 같은 지적은 현 시점에서 반드시 고민해 봐야 할 것이다.

"사회문제는 명백하게 사회적 삶 속에서 가장자리에 위치해 있는 듯하다. 그러나 이 가장자리에서 벌어진 행위들이 바로 사회 전체의 문제와 직결되어 있다. 사회 형성 과정에서 주변으로 전락한 사람들이 제기한 문제는 바로 그 사회의 중심으로 회귀하는 부메랑과 같다. 사회 내에서 밖으로 내몰린다는 현상은 바로 그 사회의 내부 상태에 달려 있는 것이다. 즉 사회의 핵심적인 모순을 보려면 사회로부터 내몰린 주변인들의 존재를 통해서 그 사회를 바라보는 것이 가장 정확한 길이다."

2009년 10월 익산에서<br>이성재

해제

유아사 마코토, 사랑하지 않을 수 없는 사나이

우석훈_연세대학교 문화인류학과 강사

1. 한국에서, 언론은 없는 셈 치자!

한국에도 과연 언론이라는 것이 있을까? 이게 수년째 내가 하던 근본적인 질문이다. '사실'과 '해석'이라는 두 가지 눈으로만 보자면, 사실은 사실대로 보여 주고, 다양한 해석을 여기에 덧붙이는 것을 언론이라고 할 수 있을 것이다. 같은 사실을 놓고 신문사나 방송 맘대로 해석하는 것에 대해서 뭐라고 할 맘은 없다. 진보와 보수 혹은 좌파와 우파, 어쨌든 한국의 언론에 중립 지역이라는 것은 사실상 사라졌거나 존재했던 적이 없으므로, 해석은 '왜곡'으로 대체되고, 사실은 '무시'로 대체된 상황이라고 할 수 있다. 가끔 조선일보의 기자들은 '팩트'만큼은 조선일보가 가장 강하다고 말한다. 어쩌면 그럴지도 모른다. 일본 프리타 노조의 잔 다르크라고 불리는 아마미야 가린이 한국을 방문했을 때, 가장 크게 그리고 진지하게 비중을 할애한 신문이 바로 조선일보였다는 사실을 부정할 수는 없다. 그래, 욕은 욕대로 하고, 왜

250

곡은 왜곡대로 하더라도, 일단 세상에 존재하는 사실을 보여 주는 일에 조선일보가 앞서 간다는 말을 일단은 곧이곧대로 받아들일 수는 있을 것 같다.

그러나 국내 기사는 모르더라도 외신 기사에서 나는 일단 한국 언론은 없는 셈 친다. 정말로 중요한 변화가 진행되고 있다고 하더라도 한국의 언론은 아무것도 포착하지 못하는 경우가 많다. 왜곡해도 좋다. 흐름이 변하고 있다는 것을 감지할 수 있게 조그만 단서라도 보여 줘야 하는 것이 아닌가?

지금 일본의 선거가 끝난 지 몇 달이 지났다. 영원할 것 같은 일본의 자민당 독재 체제가 무너지고, 생긴 지 십여 년 정도밖에 되지 않는 민주당이 일본을 장악하고 자본주의 국가에서는 생각해 보지 못했던 대규모의 변화를 단기간에 추진하는 중이다. 이 변화는 왜 생겨난 것인가, 그리고 지금 이들은 어디로 가고 있는가? 도무지 제대로 된 해석은 물론이고, 실제 NHK와 아사히신문, 하다못해 산케이신문을 장식하고 있는 이런 논란들을 한국 언론에서는 보기가 정말 힘들다. 물론 이건 비단 일본의 문제만은 아니다. 미국도 중앙정부에서 조금만 벗어나면 실제로 중요한 변화이지만 전혀 한국에서 다루어지지 않는다.

그러다 보니 미국의 정권이 변화했고, 일본의 정권이 변화했다는데, 도대체 무슨 일이 벌어졌고, 무슨 힘으로 이런 일이 벌어진 것인가, 그리고 그들은 어디로 가고 있는가, 여기에 대해서 한국 언론만 보고 있어서는 우리는 전혀 알 수가 없다. 변화를 원하고 있지 않은 보수 신문들은 사실을 가리는 방식으로 정보 왜곡을 하고 있다고 치자. 그렇다면 한겨레나 경향신문처럼 변화를 원하는 것이 분명한 신문들은 도대체 왜 이러고 있는가?

수년간 '언론의 경제학'이라는 이름의 책을 준비하는 중이다. 나 혼자 '경제 대장정 시리즈'라고 부르는 12권의 책 중 마지막 책을 언론과 정당에 대한 얘기로 마무리하고자 하는 게 애초의 의도이고, 그러다 보니 별로 원치 않음에도 불구하고 어쩔 수 없이 언론에 대해서 계속해서 관찰하는 중이고, 일종의 대안 언론으로서 인터넷 게시판과 블로그 같은 곳들을 주시하는 중이다. 그 과정에서 내가 얻은 결론은, 한국에서 언론은 없는 셈 치자는 것이다. 그 안에서 쓸 만한 정보는 정말로 아무것도 없다. 한동안 우리는 TV는 바보 상자라고 부르면서, TV를 보지 않는 것이 머리가 나빠지지 않는 길이라고 하던 적이 있었다. 이번에는 언론이고, 신문이다. 해석만 난무하고 정작 '사실'은 존재하지 않는 신문, 그 신문을 접는 수밖에는 없다, 한국에서 바보가 되고 싶지 않다면. '민완 기자'의 시절이 한국에도 있었을까? 아마 있었다고 할 수밖에 없을 것 같다. 우리의 현대사를 너무 슬프게만 보지 않으려고 한다면 말이다.

유아사 마코토가 격동의 일본 총선을 얼마 앞두고 한국을 방문했다. 고려대학교에서 강연 요청이 있었기 때문이다. 이 사건은 일본 내에서는 매우 중요한 함의를 가지고 있는 사건인데, 정작 유아사 마코토가 누구인지를 알고, 그를 불러서 뭐라도 얘기를 들어야 한다고 생각한 곳은 한국에서는 고려대학교가 전부였던 셈이다. 이 시점에서, 우리는 모두 눈 뜬 장님들이었다. 일본의 보수주의자들이 가장 긴장하면서 바라보고 있던 사나이, 일본 열도를 경악으로 몰고 간 바로 그 '파견 마을'의 지휘자이며, 다음 세대 일본의 희망이라고 하는 유아사 마코토가 한국에 왔었는데, 우리의 언론은 그 사실은 물론, 유아사 마코토도 모르고 있다. 이럴 수가 있나!

다행스럽게도 너무 늦지 않게 출판사 '검둥소'에서 유아사 마코토의 책을 번역 출간하게 되었다. 한국에 언론은 없는 셈 칠 수 있는 것은, 좋든 싫든, 한국에는 출판 시장이라는 것이 있고, '민완 기자'가 사라진 '허방다리' 한국에서 기자의 역할을 '민완 에디터'들이 대체하고 있는 셈이기 때문이다. 별 수 없다. 한국의 언론이 지금과 같은 '쪼다 짓'을 멈추기 전까지, 죽어라고 책이라도 읽는 수밖에 없다. '글로벌'까지는 아니더라도 최소한 동북아시아 내에서라도 어느 정도 감을 유지하는 '감 좋은 사람'으로 자신이 살고 싶다면 말이다.


2. 미국의 변화와 일본의 변화, 그 차이는?

그리 큰 시간의 격차를 두지 않고, 미국의 공화당과 일본의 자민당이 몰락하고, 다른 정권이 들어오게 되었다. 나는 유럽의 소식에 조금 더 밝은 편이고, 유럽의 국가 간 비교와 경제 운용 방식의 미묘한 차이점을 찾아내는 데 몇 년간 몰두하고 있었다. 미

리 고백하면, 나는 지역학이라는 관점에서 미국에 대해서 전문가
적인 분석 능력을 가지고 있지 않고, 내가 필요해서 분석한 몇 가
지 영역 외에 일본이라는 사회를 꿰뚫고 있는 그런 사람은 아니
다. 프랑스나 스위스 같은 나라라면 정말로 눈에서 보는 것처럼
파노라마를 그릴 수 있지만, 미국과 일본에 대해서 그렇게 잘 알
고 있는 사람은 아니다. 그러나 수년 전에 이 두 나라에서 큰 변화
가 올 것이라는 것을 이해하는 게 그렇게 어려운 것은 아니었다.

　무심하게 미국을 생각하던 나에게 부시 2기에 미국 밑바닥에
서 벌어지는 일들을 이해하게 해 주고, 조각조각 들려오는 파편
을 이을 수 있게 해 준 것은 한 권의 책이다. 레베카 솔닛이라는
어느 활동가가 부시 2기가 출범하면서 미국의 절망적 상황을 정
리하면서 밑바닥에서 특히 지역에서 벌어지던 변화에 대해서 서
술한 책이 있다. 창비에서 발간된《어둠 속의 희망》이 그것인데,
이 책은 상업적으로 그렇게 크게 성공한 책은 아니지만, 어쨌든
노회한 출판사 정도로 이해하고 있던 창비를 솜씨 좋고 안목 높
은 에디터가 재평가하게 만들어 준 책이다. 우리는 너무 오랫동
안 정치적 지도자와 경제 상층부의 담론을 중심으로 한 국가를
보는 데 익숙해져 있고, 또 그렇게 큰 담론으로 뭔가를 봐야 비
로소 본 것 같기는 하다. 그러나 진짜 변화는 정치에서만 오는
것이 아니다. 최근의 미국의 변화 그리고 일본의 변화를 정치의
변화로 보는 것은 어딘가 원인과 결과가 전도된 분석처럼 보인
다.《어둠 속의 희망》에는 미국 부시 2기가 출범하면서 느꼈던

미국 시민사회의 절망과 함께, 그럼에도 불구하고 지역에서 만들 수 있는 변화들에 대한 희망의 요소들을 담고 있다.

실제로 그러한 변화가 생겨났다. 이 변화는 전 세계 경제의 흐름을 바꿀 만큼 큰 변화이지만, 곰곰히 살펴보면 미국인 2퍼센트의 변화이다. 2퍼센트 정도가 마음을 바꾸었고, 그렇게 바뀐 2퍼센트가 대중적 변화와 함께 선거 판도의 변화를 만들어 내었다. 오바마도 그 사실을 안다. 그와 민주당은 국회의 과반수를 가지고 정권을 가졌지만, 역설적으로 그 변화는 딱 2퍼센트만큼의 힘을 가지고 있다. 또 다른 정치적 역공에 의해서 2퍼센트의 변화가 생긴다면, 미국은 언제든지 과거로 회귀할 수 있고, 국제적으로 전혀 다른 양상이 생겨날 수 있다.

미국을 2퍼센트의 변화라고 한다면, 일본은 20퍼센트의 변화라고 할 수 있을 것이다. 미국의 2퍼센트를 이끈 것은 젊은이들이다. 그러나 일본은 20퍼센트의 변화를 만들어 내었다. 무엇보다도 노년층의 투표에 중대한 변화가 왔고, 평생을 자민당만 찍었는데, 이번에는 다른 투표를 한 노인층이 30~40퍼센트 정도는 되는 것으로 분석되고 있다. 청년만 다른 선택을 한 것이 아니라 광범위하게 전 국민 내에서 다른 선택을 한 유권자가 생겨났고, 그렇게 해서 일본 민주당은 자민당에게 거의 두 배에 가까운 승리를 거두었다.

이 열 배 가까운 전혀 다른 규모의 변화, 이것들의 요인을 어떻게 설명할 것인가? 물론 가장 쉽게, 일본의 자민당은 54년의 장기 독재로 인해서 피로감이 누적된 것이라고 설명하면 가장 쉽다. 그러나 그게 설명이 된다고 생각하시는가? 왜 그 변화가 하필 지금, 그것도 바로 지금 생겨난 것인가? 이걸 '미녀 저격수'의 등장이라고 설명하는 것은 가장 저급하고 비사회과학적 방식으로 이해하는 것이다. 미녀 저격수가 아니라 30~40대 전문직 여성들이 정치적 목소리를 내었다고 보는 게 옳을 것 같다. 세대, 젠더, 이 두 가지가 일본의 변화를 설명할 수 있는 두 개의 요소라는 게 내가 지금 가지고 있는 작업가설이다.

일본의 노인들이 세대의 문제, 즉 젊은 빈곤층의 문제를 인정했고, 육아와 취업 두 가지에 이중으로 노출되어 있으면서도 차별적인 삶을 살고 있는 여성의 문제를 인정한 것이라고 해석하는 게 20퍼센트라는, OECD 국가에서는 어지간해서 벌어지지 않는 커다란 일본의 변화를 이해할 수 있는 길일 것 같다. 한류 열풍도 이 흐름 위에서 보아야 할 것이다. 배용준이 일본에서 가지고 있는 젠더 코드에 대해서 좀 생각을 해 보아야 하고, 그래야 하토야마의 부인이 지지하는 한류가 과연 일본에서 어떠한 정치적 작동을 하게 된 것인지, 그 디테일이 보이지 않을까? 젠더와 청년, 그 두 가지 이슈를 하나로 묶어 주는 것이 일본에서는 바로 '빈곤'이라는 주제이다.


3. 두 명의 마코토, 가와조에 마코토와 유아사 마코토

최근 졸저 《혁명은 이렇게 조용히》에서 일본의 빈곤 운동의 구

조와 여러 영웅들에 대해서 소개하면서 '양산박의 108 영웅'이라는 표현을 쓴 적이 있다. 그 책에서는 이미 한국에 여러 경로로 소개된 아마미야 가린과 마쓰모토 하지메를 전면에 내세웠지만, 내가 정말로 주목하고 있는 사람들은 두 명의 마코토라고 불리기도 하는 가와조에 마코토와 유아사 마코토이다. 우연히도 이름이 같은 두 사람이 등장하는 것도 흔한 일은 아닌데, 이 두 사람은 기가 막히게 보완적 관계를 하고 있다.

내가 먼저 만난 이는 가와조에 마코토이다. 도쿄신문에서 인터뷰가 있었는데, 인터뷰를 담당했던 도쿄신문 기자가 기왕 일본에 온 김에 가와조에 마코토가 마침 시간이 되니 같이 보면 어떻겠냐고 해서 처음 만났다. 가와조에는 우리 식으로 하면, 전형적인 조직가이다. 개인적으로 가입하는 프리타 노동조합인 수도권 청년 유니언 서기장인 가와조에 마코토는 한 명씩 파견 사원들을 만나며, 설득하고 같이 뒹굴면서 사람들을 엮어 내는 역할을 한다. 그는 책을 쓰거나 글을 쓰지는 않지만, 일본의 대표적인 서민 음식인 덮밥을 먹으면서 한 명 한 명을 설득하면서 조직을 만드는 사람이다. 일본에서 정말로 청년운동 그리고 파견 노동과 프리타 운동 조직의 대부를 꼽으라면 나는 가와조에 마코토를 꼽고 싶다.

그리고 유아사 마코토는 홈리스 운동에서 출발한 전형적인 빈곤 활동가인데, 도쿄대학 법대를 졸업하고 법대 박사 과정에 있던 그가 전면적으로 반빈곤 운동의 얼굴로 등장하면서 딱딱하기만 하던 일본 보수 사회가 아연 긴장하게 되었다. 일본의 빈곤 운동은 게으르고 못 배운 사람들의 '근거 없는 투정' 정도로만 이해하던 일본 사회가 유아사 마코토를 이론가, 지략가, 전략가 등의 이름으로 부르면서 이제 대규모 투쟁의 시대가 다시 일본에 왔다고 긴장한 것은 어떤 면에서는 좀 우스운 일이기도 하다. 아무리 도쿄대학이라도 법대 출신 한 명이 이 싸움판에 끼었다고 대단한 변화가 올 것인가? 나도 약간 호들갑이라고 생각했었다.

그러나 변화는 왔다. 크고 작은 자기의 영역에서 활동하던 일본의 '작은 영웅'들이 '반빈곤 네트워크'라는 수평적인 전국적 조직체를 만들어 내었고, 2009년 1월 1일, 해고된 파견 노동자들의 쓸쓸한 설날 맞이를 NHK 등을 비롯해서 전국적으로 보여 주는 '파견 마을'이라는 사건을 만들어 낸 것이다. 그게 일본의 '반빈곤'이라는 운동이다. 이 흐름은 더 이상 소수자 혹은 피해자들의 작은 목소리가 아니다. 2007년 경영자들의 목소리를 담은 보고서의 한 문단을 살펴보자.

"시장 원리는 만능이 아니고 완벽하지 않아 여러 가지 과제를 안고 있다. 법 준수는 물론 윤리 규범이 공유되지 않으면 무릇 시장은 성립할 수 없다. 또한 격차와 빈곤이라는 그림자도 있다."(2008년 경영 노동정책 위원회 보고)

전체적으로 본다면, 일본의 청년운동은 물론이고 홈리스 등 다양한 사회문제를 고민하던 시민사회와 노동조합이 '반빈곤'이라는 사회적 테제로 종합적인 목소리를 내기 시작한 것이 불과 수년 전의 일인데, 이러한 흐름에 대해서 일본의 대기업들과 우리식 전경련이라고 할 수 있는 경단련 같은 단체에서도 어느 정도는 "당신들의 지적이 타당하다"고 반응하고 있었던 것이다. 유일하게 이러한 문제점을 인정하지 않던 집단이 자민당이 장악하고 있던 아소 다로 내각이었는데, 지난 8월의 총선으로 이들은 일본의 정권까지 바꾼 셈이다. 그것도 20퍼센트 이상의 일본인 마음을 움직여서 말이다.

내가 정치적으로는 그렇게 도드라져 보이지 않던, 일본에 새로운 흐름을 만든 영웅들에게 주목하는 이유는, 이들은 화려하지는 않지만 자신들이 속한 사회를 밑에서부터 바꾸는 데 성공했기 때문이다. 그들은 20~30대 비정규직과 홈리스의 대변자가 되었지만, 누구든 그들에게 대변인의 역할과 지위를 처음부터 부여한 것은 아니다. 그들은 그 사회 밑바닥에서 조용히 그들의 가슴이 시키는 일을 했고, 그 속에서 일본이라는 세상을 조금씩 배웠다. 그리고 일본 총선과 함께 일본 사회를 전환시키는 단초를 만들어 냈고, 절대로 변할 것 같지 않던 자민당 체제를 해체시키면서 자신들이 희망이라고 생각했던 그 세상을 조금씩 만들어 낸다.


4. 액티비스트들의 로망, 그 시대가 온다!

케인스의 시대라고 부르기도 하고, 포디즘의 시대라고 부르기도 하고, 때때로는 '대량 생산 대량 소비'의 시대라고 부르기도 하는 시기가 있었다. 갈 브레이드는 이 시기를 '풍요의 시기' 라고 불렀다. 국제적으로는 2차 세계대전 종전인 1945년부터 1차 석유파동이 터진 1974년까지를 '영광의 30' 년이라고 부른다. 한국에서는 대체적으로 유신 경제를 기점으로 해서 IMF 경제 위기까지가 대체적으로 비슷한 양상을 보인다. 이 시기에는 국가가 경제를 조절하는 '조설사' 의 위치에 있었고, 당연히 이를 움직이는 정치인들이 영웅이었다. 불행히도 한국은 이 시기에 국가를 군인들이 장악하고 있었고, 그래서 영웅이 군인이던 시기를 보냈다.

그리고 이어진 시기에는 신자유주의라고 부르는 현상과 자본의 다국적화라고 부르기도 하고, 때로는 금융화라고 부르기도 하는 또 다른 30년이 이어진다. 이 시기에는 빌 게이츠, 잭 웰치, 아이아코카와 같은 다국적기업의 CEO들이 영웅이 되던 시기가 펼쳐졌다. 물론 그렇다고 해서 이렇게 CEO들이 사회적 영웅이 된 사회라고 해서 이들이 모두 대통령이 되고 정치적 지도자가 되는 것은 아니지만, 어쨌든 한국에서 'CEO의 시대' 는 'CEO 대통령' 과 함께 클라이맥스에 올랐다. 지금 우리는 신자유주의 시대를 사는 동시에, 건설 CEO가 주도하는 토건의 클라이맥스를 살고 있다. 참, 어둠이 깊다!

이런 말들을 할 때마다 그렇다면 다음 시대의 영웅은 누가 될 것인가라는 질문을 많이 받는다. 참 어렵고 곤혹스러운 질문이다. 영웅은 나오는 것이기도 하지만, 만들어 내는 것이기도 하고, 그래서 영웅은 대부분의 경우 시대의 산물이며, 그야말로 민중들이 만들어 내는 것이기도 하다. 막상 우리가 영웅이라고 생각하는 전설 가득한 그들을 직접 만나게 되면, 그들도 사실 우리와 다를 바 없는 가련한 개인이라는 생각이 들 때가 많다. 사실, 영웅은 시대가 만드는 것이다. 영웅이 스스로 영웅이 되는 것이 아니다. 그리고 영웅들이 계속해서 등장하는 것이 미래 사회일지, 그게 바람직한 것인지에 대해서도 나는 아직 궁극의 답을 찾지는 못했다.

일단 내가 가지고 있는 작업가설은 정치인의 시대, CEO의 시대를 이어 나가는 다음 번 영웅은 사회 활동에서 등장한 액티비스트activist와 문화 생산자 혹은 문화 기획자가 될 가능성이 높다는 것이다. 국가가 지배하던 시기, 자본이 지배하던 그 다음 시기는 무엇이 될 것인가? 나는 이를 '제3부문'이라고 부르고 있었는데, 아직은 적절한 이름을 찾지는 못했다. 시민 단체, 사회적 기업, 지역 단체와 그런 자본도 아니고, 국가도 아니며 동시에 흩어져 있는 무력한 개인도 아닌 그런 사회 활동으로부터 영웅들이 등장하지 않을까라고 생각하는 게 나의 작업가설이다.

사실 세상은 활동가라고 보통은 번역하는 액티비스트들을 영웅으로 요구하고 있기는 하다. 오바마는 한국식으로 따지면 80학번이다. 우리식 정서라면 386의 맨 형이라고 할 수도 있을 것이다. 그는 최초로 흑인이 대통령이 된 것이기도 하지만, 시카고 빈민가의 활동가가 지역 활동가들의 지지를 등에 업고 대통령이 된 셈이라고 해석할 수도 있다. 유아사 마코토는 나보다 한 살이 어리다. 내가 단체에서 상근하면서 직업 활동가로 지냈던 것은 3년 정도인데, 나는 그 기간 동안에 건강을 잃어버렸고, 그 후에 조용히 몸을 추스르면서 지내는 중이다. 그런 점에서 오랫동안 액티비스트로 실제 변화를 일으킨 유아사 마코토를 보면 경이롭기도 하다. 게다가 그곳은 한국보다 더 시민 활동이 열악한 일본 아니던가!

아직 단언하기는 어렵지만 20대, 30대 액티비스트, 그런 사람들 손에서 세상의 미래가 열릴지도 모른다는 생각을 종종 한다. 미국도, 일본도 조금씩 그런 액티비스트의 시대로 가고 있는 것 같다. 일본 자민당 체계를 붕괴시키면서 집권에 성공한 민주당은 유아사 마코토를 그들의 개혁을 추진할 새로운 중추 기관인 국가전략실의 정책 참모로 기용하였다. 한국에서도 노무현 정부 때 시민 단체 출신을 개별적으로 계약직 공무원으로 고용한 적은 있지만, 그것은 어디까지나 개인적인 취직이라는 접근으로 진행된 일이다. 공개적으로 개별 활동가를 정권에서 협력 차원에서 등용한 일은 거의 없다.

국가, 기업, 이러한 존재들이 주체로 60년간 세상을 움직여 왔지만, 이러한 체계는 여러 가지 한계를 드러내게 되었다. 그 맨 앞의 키워드가 바로 '빈곤'이다. 나는 앞으로 액티비스트들의 로망이 현실 세계에서 조금이라도 구현되기 시작하는 사회가 올 것이라고 생각하고, 또한 많은 10대와 20대에게, 지나간 시절에 정치인과 군인, 그리고 CEO가 그랬던 것처럼 액티비스트가 로망이 되는 시대가 올 것이라고 생각한다.

유아사 마코토의 이 책은 한국인들에게는 단지, 일본의 빈곤 문제를 하나의 참고로 우리의 문제를 재조망하기 위한 길잡이로만 읽혀서는 안 될 것 같다. 실제로 사회를 변화시키고 움직이는 데 성공한 어느 열정적인 액티비스트가 과연 어떤 시각으로 자신들의 문제를 보고 있는지, 그리고 어떻게 사람들을 보고 있는지, 그야말로 책의 맥락 자체가 읽혀야 할 텍스트가 아닌가. 제발 이 책을 보고 나서, 선진국이라는 일본도 우리만큼 문제가 있으니, 먹고살기 힘든 게 우리만의 문제만은 아니라는, 그런 결론을 내리시지 말기를 독자 여러분들에게 부탁드리고 싶다. 이 책에서 읽어야 할 것은 저자인, 그리고 액티비스트인 유아사 마코토 그 자신이고, 그를 '시대의 매력'으로 받아들인 일본 사회의 전환 그 자체이다. 이 책은 무라카미 하루키의 책만큼 팔리지는 않았지만, 그보다는 몇 배 일본 사회를 움직여서, 자민당 1당 체제를 무너뜨린 1등 공신 중의 하나이다. 빌헬름 딜타이는 우리에게 '맥락context'라는 단어를 알려 주었다. 그렇다. 지금이 바로 그 맥락을 읽어야 할 시기이다.

이 맥락과 함께 우리에게 액티비스트들의 로망, 바로 그 시기가 오고 있는 중이다. 유아사 마코토와 함께 떠나는 로망의 여행, 그 행복한 여행이 부디 독자 여러분들의 마음에도 작은 희망이 되었으면 한다.

우편 엽서

우편요금
수취인 후납 부담
발송유효기간
2009.10.5~2011.10.4
마포우체국승인
제40055호

보내는 사람

이름

주소

□□□ — □□□□

받는 사람

서울시 마포구 서교동 449-6호 서사인빌딩 4층
(주)우리교육 검둥소 담당자 앞
전화 (02)3142-6770   팩스 (02)3142-8108
이메일 geomdungso@naver.com

1 2 1 — 8 4 1

# 검둥소 독자 엽서

이 엽서를 보내 주시거나 우리교육 홈페이지(www.uriedu.co.kr)에 서평을 올려 주시면 고맙겠습니다. 이 엽서는 검둥소가 좋은 책을 만드는 데 많은 도움이 됩니다.

| | |
|---|---|
| 이름 | 전화번호 |
| 이메일 | |
| 직업 | 성별 |

이번에 사서 읽은 책 이름

이 책을 산 서점 _____ 에 있는 _____ 서점

이 책을 어떻게 사 보게 되었나요?

☐ 주위에서 권해서 　　　　☐ 소개 기사를 보고( 　　　　 에 실린 글)

☐ 광고를 보고( 　　　 에 실린 광고) 　　☐ 출판사를 믿고

☐ 서점에서 책을 고르다가(표지/제목/내용)이 눈에 띄어서

☐ 지은이를 보고 　　　　☐ 그 밖에

이 책을 읽으신 느낌은?

• 내용에는 ☐ 만족 ☐ 보통 ☐ 불만　　• 제목에는 ☐ 만족 ☐ 보통 ☐ 불만

• 표지에는 ☐ 만족 ☐ 보통 ☐ 불만　　• 책값에는 ☐ 만족 ☐ 보통 ☐ 불만

검둥소에서 펴내기를 권하는 책 ? 검둥소에 하고 싶은 말

**이 엽서를 보내 주시거나 우리교육 홈페이지에 서평을 올려 주시는 분들 중 다달이 10분을 추첨하여 검둥소 신간을 보내 드립니다.**